Gustav Keller
Die Lehrerschelte

Reihe Pädagogik
Band 48

Gustav Keller

Die Lehrerschelte

Leidensgeschichte einer Profession

Centaurus Verlag & Media UG

Zum Autor:
Gustav Keller, geb. 1950, Studium der Psychologie mit Abschluss Diplom-Psychologe, Promotion zum Dr. phil. Von 1974-2012: Tätigkeit als Schulpsychologe, Psychologischer Schulberater, Supervisor, Lehrerfortbildner. Er ist Autor zahlreicher pädagogisch-psychologischer Fach- und Sachbücher.

Bibliografische Informationen der Deutschen Nationalbibliothek
Die Deutsche Nationalbibliothek verzeichnet diese Publikation in der Deutschen Nationalbibliografie; detaillierte bibliografische Daten sind im Internet über http://dnb.d-nb.de abrufbar.

ISBN 978-3-86226-234-2   ISBN 978-3-86226-988-4 (eBook)
DOI 10.1007/978-3-86226-988-4

ISSN 0930-9462

Gedruckt auf säurefreiem und chlorfrei gebleichtem Papier.

Alle Rechte, insbesondere das Recht der Vervielfältigung und Verbreitung sowie der Übersetzung, vorbehalten. Kein Teil des Werkes darf in irgendeiner Form (durch Fotokopie, Mikrofilm oder ein anderes Verfahren) ohne schriftliche Genehmigung des Verlages reproduziert oder unter Verwendung elektronischer Systeme verarbeitet, vervielfältigt oder verbreitet werden.

© CENTAURUS Verlag & Media KG, Freiburg 2013
www.centaurus-verlag.de

Umschlagabbildung: bobbieo, frustrated elementary teacher. www.istockphoto.com
Umschlaggestaltung: Jasmin Morgenthaler, Visuelle Kommunikation
Satz: Vorlage des Autors

Inhaltsverzeichnis

1.	Einleitung	7
2.	Lehrerschelte gestern und heute	11
2.1	Antike	12
2.2	Mittelalter	19
2.3	Frühe Neuzeit	23
2.4	Neunzehntes Jahrhundert	28
2.5	Zwanzigstes Jahrhundert	33
2.6	Einundzwanzigstes Jahrhundert	40
3.	Eine fünftausendjährige Lob-Tadel-Bilanz	45
4.	Ursachen der Lehrerschelte	49
4.1	Das negative Urbild vom Lehrer	49
4.2	Die Spätfolgen schulischer Kränkungen	51
4.3	Der Lehrer als Sündenbock	53
4.4	Der Lehrer unter Erwartungsdruck	54
4.5	Das falsche Bild von der Lehrerarbeitszeit	55
4.6	Die Generalisierung von Problemfällen	57
4.7	Der Sekuritätsneid vieler Nichtlehrer	58
4.8	Die Kompetenzanmaßung vieler Laien	60
4.9	Die mediale Verzerrung des Lehrerbildes	62
4.10	Der mangelnde seelische Schutz durch den Dienstherrn	63
4.11	Die Defizite in der Lehrerauswahl und Lehrerbildung	65
4.12	Die defensive Öffentlichkeitsarbeit der Lehrer	66

5.	Auswirkungen der Lehrerschelte	69
6.	Konsequenzen in Schule und Gesellschaft	71
6.1	Wertschätzung für die Lehrer	71
6.2	Realistische Erwartungen an die Lehrer	73
6.3	Seelischer Schutz durch den Dienstherrn	75
6.4	Professionelles Schulkonfliktmanagement	76
6.5	Unterstützung von Lehrern in Problemsituationen	78
6.6	Achtsame Lehrer-Schüler-Kommunikation	80
6.7	Konstruktive Lehrer-Eltern-Kooperation	82
6.8	Bessere Lehrerauswahl und Lehrerbildung	83
6.9	Faire mediale Berichterstattung	85
6.10	Selbstbewusste Öffentlichkeitsarbeit	86
7.	Schlussbetrachtung	89
8.	Anhang	
	Zitate über Lehrer von der Antike bis heute	93
Literaturverzeichnis		97
Abbildungsverzeichnis		107
Anmerkungen		109

1. Einleitung

Lehrkräfte leiden darunter, dass die gesellschaftliche Wertschätzung für ihren Beruf gering ist.

Helmut Heyse

Jeder Mensch verbringt einen Teil seines Lebens in der Schule. Dort trifft er schultäglich auf erwachsene Menschen, deren professionelle Aufgabe es ist, ihm Fertigkeiten, Wissen und Werte zu vermitteln. Hat der Mensch die Schule abgeschlossen und nach einer weiteren Qualifizierung seinen Platz im Leben gefunden, ist die Zeit nicht fern, in der er wiederum mit Lehrern in Kontakt kommt. Insbesondere dann, wenn er den elterlichen Rollenhut trägt.

Wie kaum ein anderer Berufsinhaber ist der Lehrer Gesprächsstoff in der Alltagskommunikation. Sowohl Schüler als auch Eltern äußern sich fortlaufend über Lehrer. Zentrale Themen sind der Unterricht, die Notengebung, das Erziehungsverhalten und die Leistungsanforderungen. Was in der Familie geschieht, ereignet sich auch in der Öffentlichkeit. In Politik und Gesellschaft wird über Lehrer und Lehrerarbeit ständig kommuniziert. Und die Inhalte dieser Kommunikation werden von den Medien kommentiert und transportiert.

Beim Blick auf die Äußerungen über Lehrer fällt der hohe Anteil von Lehrerschelten auf. Darunter versteht man missbilligende, geringschätzige Worte, mit denen Lehrer getadelt werden. Sie sind das Kontrastbild dessen, was man als Lehrerlob bezeichnet.

Die Lehrerschelte trifft die zweitgrößte akademische Berufsgruppe. Ihr gehören 790 000 Lehrkräfte an, die an 43 000 Schulen 11,3 Millionen Schülerinnen und Schüler unterrichten. Sie üben einen verantwortungsvollen Beruf aus, der mit der Bewältigung schwieriger Aufgaben und hoher Belastungen verbunden ist.

Dass Lehrer für Ihre Arbeit nicht das erwünschte Maß an Wertschätzung erhalten, rührt an ihr Selbstwertgefühl. Dies ist mir als Schulpsychologe seit dem Beginn meiner Berufstätigkeit vor vier Jahrzehnten aufgefallen. Da mein Lehrerbild sich deutlich positiv vom Zerrbild der Öffentlichkeit unterscheidet, fühle ich mich genauso betroffen, denn Lehrer sind für mich während meiner gesamten Berufslaufbahn die wichtigsten Kooperationspartner bei der Lösung von Schulproblemen gewesen.

Vor allem in meinen Lehrerberatungen, Lehrersupervisionen und Fortbildungsveranstaltungen zum Thema Stressbewältigung wurde die Lehrerschelte von den Betroffenen immer als Belastungsfaktor thematisiert. Mir wurde dabei klar, dass es sich um eine kollektive Kränkung handelt, die sich auf die Arbeitszufriedenheit und Arbeitsmotivation der pädagogischen Arbeitskräfte negativ auswirkt.

Ich bezweifle, dass sich diejenigen, die systematisch Lehrerschelte betreiben, der Folgen ihres Tuns bewusst sind. Aus der Menge der täglichen Schelten könnte irgendwann ein chronischer Zustand der Verachtung erwachsen.

Eine Berufsgruppen zu verachten, die in unserem Bildungs- und Erziehungssystem die Schlüsselrolle spielt, darf nicht zur Gewohnheit werden. Wie folgenreich dies wäre, hat der Philosoph und Psychiater Karl Jaspers markant zum Ausdruck gebracht: *Das Schicksal einer Gesellschaft wird dadurch bestimmt, wie sie ihre Lehrer achtet.*

Aus meiner Betroffenheit über die Lehrerschelte ist die Idee entstanden, dieses Buch zu schreiben. Ich gehe diesem Phänomen zunächst historisch auf den Grund. Meine Recherchen beginnen in der Frühphase der 5000jährigen Schulgeschichte, setzen sich in den Folgeepochen der Schulgeschichte fort und enden in der Gegenwart. Aufbauend darauf ziehe ich in Form einer Lob-Tadel-Bilanz ein Fazit.

Da es nicht meine Absicht gewesen ist, lediglich zu historisieren, ist ein weiteres Kapitel der Ursachenanalyse gewidmet. Sie soll die Frage beantworten, warum die Lehrerschaft immer noch nicht das notwendige Maß an Anerkennung erfährt. Danach folgt eine Wirkungsanalyse, in der ich aufzeige, welche psychischen Folgen die Lehrerschelte erzeugt. Schließlich denke ich darüber nach, welche Konsequenzen sich für die Lehrerprofession, für die Medien sowie für die Politik aus meiner psychohistorischen Analyse ergeben.

Ich hoffe sehr, dass dieses Buch die Wahrnehmungsorgane vieler Nichtlehrer von Stereotypen und Vorurteilen säubern hilft. Und schön wäre es, wenn sich dadurch das Verständnis für die schwierige Arbeit in Schule und Unterricht bedeutsam erhöhen könnte.

Abschließend danke ich allen Lehrern, die mir in über 3000 Fortbildungsveranstaltungen und in unzähligen beruflichen Gesprächen ihre Aufmerksamkeit geschenkt und mich bei der Erreichung gemeinsamer Ziele unterstützt haben.

2. Lehrerschelte gestern und heute

Durch die gesamte Geschichte des Lehrerberufs zieht sich die Problematik des Sozialprestiges und des Selbstbildes, die für die Lehrerschaft stets von größter Relevanz war, und die bis heute nicht an Brisanz verloren hat.

Sabina Enzelberger

Zwischen dem vierten und dritten Jahrtausend v. Chr. wurden in den mesopotamischen Hochkulturen die Kulturtechniken Lesen, Schreiben und Rechnen entwickelt. Zunächst wurden diese Fertigkeiten dort, wo Erwachsene sie beherrschten, den Kindern weitergegeben – genauso wie handwerkliche, hauswirtschaftliche und landwirtschaftliche Techniken. Ort der geistigen Kulturtechnikvermittlung war also zunächst die Familie. Im Zuge der gesellschaftlichen Arbeitsteilung wurde diese Aufgabe um circa 3000 v. Chr. an die ersten Lehrer der Menschheit delegiert. Diese neuen Akteure des Bildungsprozesses, die gegen Bezahlung die Kinder außerfamiliär unterrichteten, wurden von Beginn an genau beobachtet. Wer die Kinder in die Schule schickte, erwartete, dass sie dort gut schreiben, lesen und rechnen lernten. Wie die Erwartungsträger mit den Lehrern seit dem historischen Schulbeginn umgingen, ist ein besonderes Kapitel der pädagogischen Professionsgeschichte. Zum einen enthält es Wertschätzung und Ermutigung, zum anderen aber auch viel Schimpf und Schelte.

2.1. Antike

Der Schulmeister ist in Rom wie in Griechenland ein armer Schlucker.

Henri Irénée Marrou

Unter Antike im weiteren Sinne versteht man den Zeitraum zwischen dem Beginn der mesopotamischen Hochkulturen bis zum Ende des weströmischen Reiches (476 n. Chr.). Die Institutionalisierung des Lernens in Form von Schulen fand zunächst in Sumer statt und setzte sich in der Folgezeit im weiteren Bereich des Zweistromlandes fort. Die ersten Lehrer wurden aus dem Stand der Schreiber rekrutiert, also aus jener kleinen Minderheit, die der Schreib- und Lesekunst besonders mächtig war. Die Schulen, in denen sie Unterricht hielten, hießen Tafelhäuser. Und zwar deshalb, weil die Schüler auf Lehmtafeln schrieben. Diese ersten Unterrichtsstätten waren private Einrichtungen, die staatlich genehmigt werden mussten. Sie lagen häufig in Palast- und Tempelbezirken. Die Lehrer trugen die Bezeichnung „Väter des Tafelhauses" und die Schüler „Söhne des Tafelhauses". Unterstützt wurden sie von Aufsehern, Pedellen und Tutoren. Letztere waren ältere Schüler, die mit „älterer Bruder" angesprochen wurden.

Diese ersten Lehrer der Menschheit bekleideten einen hohen gesellschaftlichen Rang. Zum einen, weil sie zu den wenigen schriftkundigen Menschen zählten; zum anderen, weil sie die Kunst beherrschen, diese hochkulturelle Kompetenz zu vermitteln. Staunend blickte man zu ihnen hinauf. *Sie verdienten ohne Zweifel die Hochschätzung, die man ihnen und den von ihnen geleiteten Schulen entgegenbrachte.*[1]

Da schon damals von der schulischen Leistungsbeurteilung die gesellschaftlichen Aufstiegschancen abhingen, wurde immer mal wieder der Versuch unternommen, die Lehrer durch Geschenke zu bestechen.

Trotz des hohen Ansehens, das die Väter des Tafelhauses genossen, gab es auch Lehrerschelten. Hauptpunkte waren das eitle Gebaren und der bisweilen zu harte Einsatz von Prügelstrafen.

Tausend Jahre nach dem historischen Schulbeginn in Sumer wurden im altägyptischen Mittleren Reich die ersten Schulen eingerichtet. Man nannte sie „Pharaos Unterrichtsställe". Sie standen unter der Aufsicht eines Hohepriesters. Ein Großteil der Lehrer, die sich gleichzeitig als Schreiber betätigten, unterrichtete in Teilzeit. Nur wenige hatten eine Hundert-Prozent-Stelle. Schutzgott der Lehrer und Schüler war Thot, den man für den Erfinder der Hieroglyphenschrift hielt. Ähnlich wie in Mesopotamien war das Berufsprestige der Lehrer hoch. Von massenhafter Lehrerschelte kann nicht die Rede sein. Dennoch blieben sie nicht vor Kritik verschont.[2] Ihre Überheblichkeit ging manchem alten Ägypter auf den Nerv. In die Kritik geriet auch das mechanische Einbläuen von Stoff. Und immer mal wieder missbilligt wurde das herzlose Disziplinmanagement. Dieses war zwar die Regel, ab es gab auch Lehrer, die dafür plädierten, Kinder mit Ruhe, Geduld und Liebe zu erziehen.[3]

Die nächste antike Schulgründung fand in Griechenland statt. Gegen Ende des 6. Jahrhunderts v. Chr. wurde die Schule als Institution zum ersten Mal von Geschichtsschreibern erwähnt.[4] Es handelte sich großenteils um Privatschulen, für deren Besuch Schulgeld bezahlt werden musste. Die Lehrer waren primär für die Stoffvermittlung zuständig, sanktionierten aber auch, wenn Normen verletzt wurden. Unterstützt wurden sie vom paidagogos, einem Sklaven. Dieser brachte die Schüler zur Schule, blieb während der Unterrichtszeit in ihrer Nähe und begleitete sie anschließend wieder nach Hause.

Die griechischen Lehrer bekleideten einen niederen sozialen Rang. Sie waren nicht angesehener als Fleischverkäufer oder Schuhmacher. Selbst in Milet und Teos, wo die Lehrer Stadtbeamte waren, war ihr Status niedrig und die Besoldung schlecht. Eine besondere qualifikatorische Voraussetzung für die Erteilung von Unterricht mussten sie übrigens nicht erfüllen. Man erwartete lediglich, dass sie lesen, schreiben und rechnen konnten.

Für die alten Griechen waren die Elementar- und Sekundarschullehrer im Gegensatz zum Lehrpersonal an den Akademien eine Zielscheibe für Spott und Lästereien. Und sie waren Schreckfiguren, die mit harter Hand die Schüler disziplinierten. Ein Prototyp hierfür ist der vom Dichter Herondas porträtierte Lehrer Lampriskos, der dem Faulpelz Kokkalos auf den Leib rückte: *Wo ist das scharfe Leder, mein Ochsenziemer, mit dem ich die Widerspenstigen, Gefesselten schlage? Man gebe ihn mir, bevor mein Zorn platzt.* Kokkalos fügte sich dem Schicksal und verlangte lediglich eine mildere Sanktion: *Nein, ich fleh' dich an, Lampriskos, bei den Musen und dem Leben deiner (kleinen) Kutis, nicht das scharfe! Nimm das andere, mich zu schlagen!*[5]

Dass Lehrer in aller Öffentlichkeit gelobt wurden, kam selten vor. Ein Ausnahmebeispiel war der Lehrer Hieronymos von Rhodos, dem die ehemaligen Schüler nach dessen Tod einen Grabstein mit einer Huldigung stifteten.[6]

Vergleicht man an dieser Stelle das Ansehen der griechischen Lehrer mit den altorientalischen Kollegen, ist die Differenz augenfällig. Gestern Halbgott, heute geringgeschätzt. Als Hauptgrund wird die Tatsache gesehen, dass der Alphabetisierungsgrad in den griechischen Stadtstaaten erstaunlich hoch war und die Lehrer nicht mehr die Ausnahmestellung der allein Schriftkundigen inne hatten.

Das griechische Schulwesen wurde von den Römern großenteils kopiert. Horaz brachte dies prägnant auf den Punkt: *Das besiegte Griechenland hat seine wilden Sieger seinerseits besiegt und dem barbarischen Latium die Kultur gebracht.*[7] Die neuen Herrscher der antiken Welt übernahmen nicht nur die Schulstruktur und das Curriculum, sondern sie beschäftigten zahlreiche griechische Lehrer und Pädagogen. Diese Kultur-Migranten waren zunächst Sklaven. Leisteten sie gute Unterrichts- und Erziehungsarbeit, hatten sie die große Chance, den Status des Freigelassenen zu erhalten.

Die römischen Schulen befanden sich meist in privater Trägerschaft. Komfortabel war ihre Ausstattung nicht. Der Unterricht fand häufig *in dunklen, vom Blaken funzliger Öllampen verrußten Ladenlokalen oder Bretterbuden* statt, in denen Lehrer und Schüler einem hohen Lärmpegel ausgesetzt waren.[8] Dorthin schickten die reichen Römer ihre Kinder nicht, sondern ließen sie durch griechische Hauslehrer in ihren Villen und Palästen unterrichten.

Die Bildungsmotivation der Römer war übrigens so stark, dass um die Zeitwende der Großteil der Mittel- und Oberschicht lesen und schreiben konnte. Dementsprechend hoch waren auch die Erwartungen an die Qualität der schulischen Bildung. Die römischen Eltern wollten sichtbare Fortschritte in der Lernhaltung und deutliche Kompetenzzuwächse. Waren sie unzufrieden, wurde der Schüler an der Schola abgemeldet oder der Hauslehrer entlassen. Dies war häufig der Fall. Wessen Service hohe Kundenzufriedenheit hervorrief, der konnte hohe Honorare verlangen und es zu Wohlstand bringen. Das gelang nur wenigen. Normalerweise zählte der Lehrer zu den Geringverdienern.

Schlecht war nicht nur der Verdienst der Lehrer, sondern auch ihr Ruf. Die Schüler fühlten sich von ihrem einförmigen Unterrichtsstil, der aus Vormachen und Nachmachen-Lassen bestand, angeödet. Und sie hassten die Prügelstrafen. Zur Schule gehen hieß in der Schülersprache manum ferulae subducere (= die Hand für die Peitsche hinhalten).

Die jungen Römer machten ihrem Unmut darüber Luft, indem sie die Lehrer mit Graffiti ärgerten. Sie titulierten diese als Wollüstlinge, Taugenichtse und Schläger. Und sie rächten sich auch durch Unterrichtsstörungen und Schulstreiche.

Lehrerschelte praktizierten nicht nur die Schüler, sondern auch die Erwachsenen. Ein im Lehrerstand besonders gefürchteter Kritiker war Titus Petronius, römischer Senator und Satiriker.[9] Für ihn waren die Lehrer Nieten und weltfremde Menschen, die den Schülern nicht das beibrachten, was diese für das praktische Leben brauchten. Er warf ihnen vor, die Schüler zu verdummen.

Auch der Dichter Ovid hielt mit seiner Lehrerkritik nicht hinterm Berg. Lyrisch klagte er die Morgenröte an: *Du betrügst die Knaben um ihren Schlaf und lieferst sie den Lehrern aus, damit ihre zarten Hände grausame Schläge über sich ergehen lassen.*[10] Und Cato der Ältere hielt von den Lehrern so wenig, dass er es vorzog, seinen Sohn selbst zu unterrichten.[11]

Die Lehrerschelten hinterließen in der Lehrerseele ihre Spuren. Viele waren verdrossen und empfanden ihre Tätigkeit als belastend. Der Erwartungsdruck, unter dem sie litten, wurde vom Dichter Juvenal etwas überspitzt gespiegelt: *Ihr Eltern aber stellt rücksichtslose Anforderungen: Firm in Grammatikregeln soll der Lehrer sein, belesen in der Geschichte, alle neuen Autoren soll er kennen ... Ihr verlangt, daß er ihre jugendliche Moral forme, wie einer, der mit dem Daumen ein Porträt aus Wachs bildet; ihr verlangt, daß er an dem ganzen Haufen die Vaterstelle vertritt ... Nicht leicht ist es, so viele Bubenhände und ihre dauernd abschweifenden Augen zu beobachten. Es heißt, dies sei deine Aufgabe; und hat ein Jahr sich gewendet, zahlt man dir, was das Volk für den Sieger im Wettrennen fordert.*[12]

Angesichts dieses Berufsstresses überrascht es nicht, wenn Lehrer wie der Grammatiker Publius Atilius Septicianus noch zu Lebzeiten eine Grabinschrift anfertigen ließ, aus der hervorgeht, wie sehr ihn der Tod von seinem Lehrerleid befreite.[13]

Nicht nur in Europa, sondern auch im fernen Osten entwickelte sich im letzten vorchristlichen Jahrtausend ein Schulwesen. Zur Schule gingen fast nur die Kinder der Oberschicht. Der Unterricht fand in Tempeln, Palästen und in Privathäusern statt. Nach dem Schulabschluss standen den Absolventen die Spitzenpositionen der Gesellschaft offen. Sie wurden Priester, Beamte, Ärzte, Mathematiker oder Baumeister.

Der fernöstliche Schulalltag war hart. Er dauerte vom Sonnenaufgang bis zum späten Nachmittag. Ziel des Unterrichts war nicht nur die Einübung der Kulturtechniken, sondern auch die Charakterschulung. Den Menschen zur Aufrichtigkeit, Wahrheit und Nächstenliebe zu erziehen, war so wichtig wie die Schulung des Verstandes. Dieses Postulat galt ebenso im indischen Schulwesen. Die Kinder lernten nicht nur Sanskrit und Wurzelziehen, sondern auch Mäßigkeit, Bescheidenheit und Selbstbeherrschung. Und sie bekamen vom Guru auch Meditationstechniken vermittelt.

Auch im fernen Osten wurde die Lehrertätigkeit scharf und misstrauisch beobachtet. Mit Kritik wurde nicht gespart. Konfuzius, der große Lehrer, Denker und Staatsmann, redete offen Fraktur: *Die heutigen Lehrer leiern ihre Vorträge bloß immer wieder herunter, langweilen die Schüler mit beständigen Fragen und wiederholen immer dasselbe. Sie bemühen sich gar nicht, herauszufinden, worin die natürlichen Neigungen ihrer Schüler bestehen, so dass diese genötigt sind, zu tun, als ob sie gern studierten; sie versuchen auch gar nicht, die besten Anlagen der Schüler zu entwickeln. Was sie den Schülern geben ist bereits falsch, und was sie von ihnen erwarten, ist ebenso falsch. Infolgedessen verstecken die Schüler ihre Lieblingslektüre, hassen ihre Lehrer, sind über die Schwierigkeiten des Studiums verärgert und wissen gar nicht, was sie davon haben.*[14]

Altgriechische Schulszene

Das Bild vom bösen Lehrer

Die römischen Lehrer wurden nicht nur von den Schülern gehasst, sondern auch von den Anliegern der Schule. Diese fühlten sich schon frühmorgens von den akustischen Folgen der Prügelpädagogik terrorisiert. Der Dichter Martial lässt einen lärmgeschädigten Schulanlieger aus der frustrierten Seele sprechen:

Du Schulmeister, verwünschter, was haben wir miteinander,
du Person, die zugleich Knaben und Mädchen verhasst;
Noch hat der Hahn, mit dem Kamme geschmückt, nicht die Stille zerrissen,
und mit wildem Geschrei, Schlägen auch donnerst du schon.
So laut schallt nicht das Erz, das der Schmied auf dem Amboß zurechtklopft,
wenn er des Redners Gestalt festigt am Rücken des Pferds.
Schwächer tobt das Geschrei in dem mächtigen Amphitheater
Von seiner Gönner Schar, siegte der zierliche Schild.
Wir als Nachbarn, wir bitten um Schlaf – einen Teil von der Nacht nur;
Wachsein ist wohl nicht arg, dauernd zu wachen ist schlimm.
Lass deine Schüler nach Haus! Du Schwätzer, willst du die Summe,
die du bekommst für dein Schrein, haben, damit du nur schweigst?[15]

Das Idealbild vom Lehrer

Quintilian war römischer Lehrer, Rhetor und Schriftsteller. Vor dem Hintergrund seiner pädagogischen Erfahrungen und seines humanen Menschenbildes entwickelte er eine Vision vom guten Lehrer:

Vor allem soll der Lehrer seinen Schülern gegenüber die Haltung eines Vaters einnehmen; er soll sich so verstehen, als trete er in die Verantwortung derer ein, die ihm ihre Kinder anvertrauen. Weder darf er selbst sich irgendwelche Verfehlungen zuschulden kommen lassen noch darf er solche bei seinen Schülern dulden. Sein ernstes, strenges Wesen soll nicht freudlos sein, seine Liebenswürdigkeit nicht überströmend, dass ihm das eine nicht die Ablehnung, das andere nicht die Verachtung seiner Schüler einbringen. Nicht oft genug kann er auf die Wahrung des Anstandes und ein gutes Betragen hinwirken; je häufiger er im Vorhinein gemahnt hat, desto seltener wird er im Nachhinein tadeln müssen. Unter keinen Umständen darf er dabei in Jähzorn ausbrechen, doch ebenso wenig vor Missständen, die sein Eingreifen erfordern, die Augen verschließen. In seinem Unterricht soll er einfach und ungekünstelt sein, in seinen eigenen Anstrengungen unermüdlich, in seinen Anforderungen eher beharrlich als allzu streng. Den Schülern, die viele Fragen stellen, soll er bereitwillig Antwort geben; an die anderen, die nie etwas fragen, soll er von sich aus hie und da eine Frage richten.

Wo die Leistungen der Schüler Anerkennung verdienen, sei er mit seinem Lob weder zu knauserig noch zu großzügig, da das eine lähmende Arbeitsunlust, das andere allzu große Selbstsicherheit aufkommen lässt. Bei der Berichtigung dessen, was jeweils noch zu verbessern wäre, vermeide er jede verletzende Schärfe und erst recht jede Erniedrigung. Denn eben dies vergällt ja vielen Schülern die Freude am Lernen, dass manche Lehrer sie so herunterputzen, als ob sie geradezu Hass gegen sie empfänden. Es ist ja kaum zu sagen, wie viel bereitwilliger die Schüler dem Unterricht derer folgen, denen sie mit Liebe und Ehrfurcht begegnen können und denen sie aus ganzem Herzen zugetan sind.[16]

2.2. Mittelalter

Es sollen Leseschulen für Knaben geschaffen werden. Die Priester sollen dafür sorgen, dass der Unterricht in Psalmen, im Schreiben, im Gesang, in der Kalenderkenntnis und in der Grammatik in allen Klöstern und Bistümern verbessert wird, ebenso die der heiligen Texte. Denn oft will jemand recht zu Gott beten, aber weil die Texte nicht fehlerfrei sind, betet er unzulänglich.

Karl der Große

Der Zeitraum zwischen dem Ende der Antike und dem Beginn der Neuzeit (500 n. Chr. – 1500 n. Chr.) wird als Mittelalter bezeichnet. In dessen früher Periode gab es nur eine bescheidene Anzahl an Klosterschulen. Diese erfuhren dann in der karolingischen Zeit eine zunehmende Verbreitung. Karl der Große betrachtete sie nicht nur als Priesterschulen, sondern auch als Einrichtungen zur Ausbildung schriftkundiger Verwaltungsbeamter. Er selbst tat sich übrigens mit dem Schreiben schwer, wohingegen er sehr gut lesen konnte und auch gerne las. Seine Schreibschwäche schildert uns sein Biograph Einhard so: *Auch zu schreiben versuchte er und pflegte deswegen Wachstafel und Büchlein im Bett unter dem Kopfkissen bei sich zu führen, um in müßigen Stunden seine Hand an das Nachmachen von Buchstaben zu gewöhnen.*[17]

Seit jener Zeit unterschied man zwischen einer inneren Klosterschule für den Priesternachwuchs und einer äußeren Klosterschule für die Laienschüler. Diese Trennung galt auch für die Dom- und Stiftsschulen, die an den Bischofssitzen eingerichtet wurden. Das Lehrpersonal bestand großenteils aus Mönchen und Nonnen.

Eingeschult wurden die Knaben und Mädchen im Alter von sieben Jahren. Für die ersteren dauerte die Schulzeit etwa acht Jahre, für die letzteren etwas kürzer. Die Mehrheit der Schülerschaft kam aus höher statuierten Familien. Aufgenommen wurden aber auch begabte Kinder aus unteren Sozialschichten. Nach einer kulturtechnischen Grundbildung wurde den Kloster- und Domschülern das Trivium gelehrt. Es bestand aus Grammatik, Rhetorik und Dialektik. Später kam das Quadrivium dran, und zwar Arithmetik, Geometrie, Astronomie und Musik. Der Unterricht wurde großenteils in lateinischer Sprache abgehalten.

Zusätzlich zu den Kloster-, Dom- und Stiftsschulen gab es Pfarreischulen, in denen begabte Knaben und Mädchen im Lesen, Schreiben und Rechnen sowie in Religion unterrichtet wurden.

Nachdem im weiteren Verlauf des Mittelalters die städtische Handels- und Handwerkerkultur zur Blüte gelangt war, entstand ein neuer Bildungsbedarf. Deshalb richteten die Städte für die Bürgerkinder Stadt- und Ratsschulen ein, in denen diese Lesen, Schreiben, Rechnen und etwas Latein lernten. Daneben gab es Deutsche Schreib- und Rechenschulen, in denen Schreib- und Rechenmeister künftigen Kaufleuten und Handwerkern berufsrelevante Grundfertigkeiten und Grundkenntnisse beibrachten. Schließlich wurden auch privat organisierte Schulen eröffnet, in denen ohne obrigkeitliche Genehmigung kulturtechnische Mindestfertigkeiten eingeübt wurden. Man nannte sie Winkel- oder Klippschulen (vom niederdeutschen klipp = klein).
Im frühen Mittelalter war das Ansehen der Pädagogen, die meist Lehrer und Priester in einer Person waren, recht gut. Da das Schulwesen im Vergleich zur Spätantike sich stark reduziert hatte, war man froh um das bisschen Bildung, das in den Klosterschulen angeboten werden konnte. Die wenigen Schüler in den Männerklöstern und die wenigen Schülerinnen in den Frauenklöstern beggegneten ihren Lehrern *mit tiefster Verehrung und demütigster*

Bitte.[18] Man empfand es als große Wohltat und Ehre, unterrichtet zu werden, um somit die Heilige Schrift lesen zu können.

Mit der Ausweitung des Schulwesens veränderte sich das Ansehen des Lehrerstandes. Es wurde ihm nicht mehr die uneingeschränkte Verehrung entgegengebracht. Nicht wenige Lehrer erfuhren Geringschätzung, Spott und Verachtung. Und zwar nicht nur von Schülern und Eltern, sondern auch von Ratsherrn, Bischöfen, Äbten und Kaisern. Besonders häufig widerfuhr dies den gering qualifizierten Lehrern an Schreib- und Rechenschulen sowie an Winkel- und Klippschulen. Aber auch das Lehrpersonal an den höheren Schulen wurde davon nicht verschont, wie aus einer Lehrerschelte von Meister Eckart hervorgeht: *Es gibt viele, ja überviele Lehrmeister, aber es gibt wenige, so überwenige Lebensmeister.*[19]

Erwartungen an die mittelalterlichen Lehrer

Da sich in den mittelalterlichen Städten die Klagen über das dienstliche Verhalten von Lehrern häuften, wurden Schulmeisterordnungen erlassen. Zum einen dienten diese Regelwerke der Vorbeugung von Fehlverhalten. Zum anderen nahm man auf sie Bezug, wenn Lehrer zur Rechenschaft gezogen wurden.

Landshuter Schulmeisterordnung (1492)

Der Schulmeister soll diese Ordnung befolgen. Falls er sie nicht einhält, so kann er zu Beginn jedes Quartals aus dem Amt, das er für je ein Jahr übernommen hat, entlassen werden.

Zur gewohnten Zeit soll er sich rechtzeitig morgens und nach dem Essen zur Schule begeben.

Er muß auch meiden, während der Schulzeit Gesellen bei sich zu haben, da er sonst die Schüler nicht beaufsichtigen kann.

Die Schüler möge er das Lesen lehren und sie eigens abhören und ohne Notwendigkeit niemanden züchtigen.

Er möge dafür sorgen, daß er gute Jungmeister und ganz besonders einen, der gut singen kann, in den Dienst nehme, und vor allem darauf achten, daß sie zuchtvoll und anständig sind und den Schülern ein Beispiel des Fleißes und gutes Vorbild bieten.

Er muß sich sehr darum bemühen, daß die Schüler stets zur Schule und regelmäßig zum Chor gehen, wie es sich ziemt. Täglich soll er nachforschen, ob ein Schüler unentschuldigt und ohne Wissen der Freunde fehlt, es sei denn, daß er durch besonderen Fleiß sich vor allen auszeichnet.

Er achte eifrig darauf, daß in der Schule, beim Chor und auf der Straße nur Latein gesprochen werde und daß die Schüler nichts Ungebührliches tun und keinen Unfug treiben. Überführt er sie auf frischer Tat, verhänge er gleich eine gehörige Strafe über die Schuldigen.

Während der Freizeit gönne er ihnen reichlich Kurzweil. Er gebe sorgsam acht, daß sie beim Spiel nicht ausgelassen sind und keine Streiche ausführen. Zum frohen Spiel diene nur der freie Tummelplatz und die Schule. Es wäre nützlich und gut, wenn der Schulmeister jeden Freitag eine besondere Maßnahme treffe ..., um die Schüler zu größerem Fleiß beim Studium anzuspornen.

Der Schulmeister soll jeden Morgen und jeden Abend den Chor leiten und ihn nicht ausfallen lassen, sofern nicht ein dringender Grund dazu vorliegt. Die Chorschüler halte er an, daß sie mit Eifer dabei sind, damit der Chor immer gut geleitet sei.

Sämtliche Schüler müssen Chorröcke tragen und auch die Gehilfen, die die Bürgerkinder zur Schule geleiten, sollen sich Chorröcke von ihren Herrn ausleihen, um so festlich im Chor zu stehen. Die armen Gehilfen und Schüler, die keine eigenen Chorröcke besitzen und keine Gönner haben, sind jedoch dazu nicht verpflichtet.

Bei der Prozession am Pfingsttag soll er den Zug ordnen, diejenigen, die keine Chorröcke haben, mögen in der Schule bleiben. Dem Brauch entsprechend trägt er mit seinen Gehilfen den Traghimmel des Sanctissimum.
Bei der Vesper an einem Patrozinium gehe der Schulmeister mit dem Chor zum Altar, um dort die Antiphon [Wechselgesang] oder den entsprechenden Gesang anzustimmen.

Nach alter Sitte hat der Lehrer mit den Schülern in der Fastenzeit die Verse des Salve Regina zu singen.[20]

Mittelalterliche Schule

2.3. Frühneuzeit

Wenn einer hat Schule gehalten ungefähr zehen Jahr, so mag er mit gutem Gewissen davon lassen; denn die Arbeit ist zu groß, und man hält sie geringe.

Martin Luther

Dem Mittelalter folgte die Frühneuzeit (1500-1800). Am Beginn dieses neuen Zeitalters standen zwei bedeutsame Ereignisse: die Entdeckung Amerikas und die Reformation. Letztere war auch für das Schulwesen folgenreich. Martin Luther, der theologische Urheber der Reformation, rief 1524 *die Ratsherren aller Städte deutschen Landes* dazu auf, *daß sie christliche Schulen aufrichten und halten sollen.*[21] Weshalb er seinen Aufruf speziell an diese Zielgruppe adressierte, hatte einen wesentlichen Grund: Seine Enttäuschung über die Bildungsabstinenz des Adels. An und für sich, so Luther, stünden die fürstlichen Landesherren in der Verantwortung, *aber sie haben Schlitten zu fahren, zu trinken und Maskeraden zu veranstalten und sie sind belastet mit hochwichtigen, bedeutenden Geschäften des Kellers, der Küche und der Kammer.*[22] Damit gab er den entscheidenden Impuls für die qualitative und quantitative Weiterentwicklung des Schulwesens, dessen Zustand er als desolat diagnostiziert hatte. Seine Forderung stieß auf so offene Ohren, dass man nicht nur Schulen einrichtete, sondern auch den Schulbesuch als Pflicht für alle Kinder und Jugendliche forderte.

Die Einführung der Schulpflicht war ein langer, zäher Prozess, insbesondere in den katholischen Regionen Deutschlands. Es fehlte an Schulräumen und an qualifizierten Lehrern. Und in der bäuerlichen Bevölkerung sah man die Kinder lieber bei der Feld- und Stallarbeit als in der Schule.

Die psychosoziale Lage der Lehrer war während der gesamten Frühneuzeit alles andere als zufriedenstellend. Sie standen unter der autoritären Fuchtel der kirchlichen Schulaufsicht. Ein populärer Lehrerspruch, der diese Leid erzeugende Unterdrückung zum Ausdruck bringt, lautete damals: *Des Lehrers Leid ist die Geistlichkeit.*[23] Ebenso miserabel war die Lehrerbesoldung. Was ein Lehrer für seine Tätigkeit bezahlt bekam, war zum Leben zu wenig und zum Sterben zu viel. Es war *Eselsarbeit* für *Zeisigfutter*.[24] Erschwerend kam noch hinzu, dass er kein Altersruhegeld erhielt. Er musste so lange arbeiten, wie es körperlich und geistig ging. Bei jenen, die lange durchhielten, beendete schließlich der Tod das Arbeitsverhältnis.

Einen Einblick in die Pauperität der Lehrer gewährt uns die Braunschweigische Schulordnung von 1651: *Im kleinsten Dorf sind die Einwohner mit Fleiß darauf bedacht, dass sie ihre Kuh- und Schweinehirten und dem Gesinde den nötigen Unterhalt verschaffen. Unter Tränen aber ist es zu beklagen, dass sich unter 1000 kaum einer findet, der bereit ist, monatlich etwas herzugeben, wovon der Schulmeister seinen Unterhalt haben könnte, trotzdem er nicht ihr unvernünftiges Vieh, sondern ihre leiblichen Kinder anführen und mit unsäglichen Mühen unterweisen muss. Darum hat jeder Einwohner soviel zur Besoldung des Schulmeisters zu entrichten, wie er dem Kuh- und Schweinehirten gibt.*[25]

Materiell besser ging es der Minderheit der Privatlehrer, die als Hofmeister in den Adelshäusern oder als Hauslehrer in reichen Bürgerhäusern unterrichteten. Der Großteil der Lehrerschaft war zum Dazuverdienen verdammt. Sie arbeiteten als Stadtschreiber, Mesner, Organist, Chorleiter, Vorbeter, Leichenbitter oder Hochzeitslader. Dies rief kein Mitleid hervor, sondern forcierte das Spotten. Man machte sich einen Spaß daraus, Lehrern spöttische Zusatztitel zu verleihen wie zum Beispiel: *Einwohner und Resident auf dem Glockenturm ... wöchentlicher Kirchenkehrer, Spinnenstreicher, Anzünder der Wachskerzen ... einer löblichen Gemeinde hochverordneter Stadtschreiber ... treufleißiger Wäscher der Leich- und Altartücher ... wohlberedter Freiwerber ... auf Gastereien bei dem Herrn Pfarrer hochprivilegierter Mundschenk ... emsiger Mantel- und Priesterrocks Auskehrer.*[26]

Nicht nur wegen ihrer Nebentätigkeiten wurde über sie gelästert, sondern es gab auch eine Menge Giftpfeile, die auf ihre Person gerichtet waren. Ein Beispiel hierfür war die abfällige Charakterskizze, die der Theologe und Mathematiker Johann Valentin Andreae im *Theophilus* mit bissiger Ironie zeichnete: *Sieh dir einmal die Lehrer an, wie du sie hier und dort finden kannst; fällt dir nicht sofort auf, wie unreif ihr Alter, wie ungebildet ihr Urteil, wie unreif ihre Strenge. Siehe an ihr vorlautes Wesen, wie rasch sie aufbrausen, ihr unvergorenes Wissen, ihre geschmacklosen Sprüche, die sie von oben herab diktieren und ihr entsetzlich anmaßendes Wesen ... Noch gibt's Lehrer, um die ich mir ein Verdienst zu erwerben hoffe, indem ich die Schlechten in ihrer Schlechtigkeit zeichne.*[27] Am Ende seiner Analyse mäßigte er sich etwas, um dem Vorwurf einer allzu harten Pauschalkritik zu entgehen: *Es gibt auch noch solche, die wirklich dem Staat ausgezeichnete Dienste leisten, die jedoch für ihre Leistungen zu wenig Anerkennung finden, denen zu wenig Ehre, zu wenig Besoldung zuteil wird.*[28]

Objekte des Scheltens waren sowohl Lehrer an Lateinschulen als auch Dorfschulmeister. Exemplarisch für die Kritik an den ersteren ist das Urteil des Gelehrten Johann Jacob Reiske: *Auf allen Schulen sind die Lehrer selten recht ausgesucht; die allerwenigsten schicken sich zu ihrem Amte.*[29]

Noch schlechter war es um die Situation und den Ruf der Lehrer auf dem Lande bestellt. Aufgrund einer schwachen oder gar fehlenden fachlichen Qualifikation hinkten ihre pädagogischen Leistungen oft hinter den Erwartungen zurück. Wegen ihrer Strafmaßnahmen waren sie bei den Schülern alles andere als beliebt. Wie und in welchem Maße sie straften, geht aus dem Tagebuch des oberschwäbischen Dorfschulmeisters Jakob Häuberle hervor, der sein fünfzigjähriges Lehrerleben und seine Strafen dokumentierte: *911527 Stockschläge, 124010 Rutenhiebe, 20989 Pfötchen und Klapse mit dem Lineal, 136715 Handschmisse, 10235 Maulschellen, 7905 Ohrfeigen, 1115800 Kopfnüsse und 22763 Notabenes mit Bibel, Katechismus, Gesangbuch und Grammatik. 777mal hat er Knaben auf Erbsen knien lassen und 613mal auf dreieckicht Holz; 5001 mussten Esel tragen und 1707 die Rute hoch halten, einiger nicht so gewöhnlicher Strafen, die er zuweilen im Falle der Not aus dem Stegreif erfand, zu geschweigen. Unter den Stockschlägen sind ungefähr 800000 für lateinische Vokabeln, und unter den Rutenhieben 76000 für biblische Sprüche und Verse aus dem Gesangbuch.*[30]

Der Hass der Dorfjugend auf die „Arschpauker" und „Steißtrommler" wurde vielerorts noch dadurch verstärkt, dass sie im Auftrag des Pfarrers „moralpolizeiliche" Spitzeldienste verrichten mussten. Und so verwundert die folgende zeitgenössische Schlussfolgerung nicht, dass *überall ... verdorbene Schneider, Garnweber, Tischler und abgedankte Soldaten das heilige Geschäft der Erziehung entweihten ... und sich die Bildung des Volkes in den Händen unwissender, roher, kraftloser, unsittlicher ... Menschen* befindet.[31]

Nur wenige frühneuzeitliche Mitmenschen hatten Mitleid mit den Lehrern. Dieses auch noch offen auszudrücken bedurfte einigen Mutes. Und den hatte Erasmus von Rotterdam. Er bezeichnete die Lehrer als *eine Klasse von Menschen, wie sie unglücklicher, geplagter, gottverlassener nicht zu denken ist ... Nicht fünffacher Fluch ... hundertfacher lastet auf ihnen: mit ewig knurrendem Magen, im schäbigen Rock sitzen sie in ihrer Schulstube ... Sorgenhaus sollte ich sagen, besser noch Tretmühle und Folterkammer inmitten einer Herde von Knaben und werden früh alt vom Ärger, taub vom Geschrei, schwindsüchtig von Stickluft und Gestank.[32]

Frühneuzeitliche Schulschelte

Johann Gustav Reinbeck war ein lutherischer Theologe, Konsistorialrat und Propst. Er klagte bitter über die Schulqualität im 18. Jahrhundert:

Die meisten Schulen sind so eingerichtet, daß die allerwenigsten Menschen sich derselben mit Nutzen bedienen können. Wer nicht auf die Wissenschaften sich allein legen, sondern eine Kunst oder sonst ein gutes Handwerk oder die Kaufmannschaft erlernen will, findet bei den Schulen gar schlecht seine Rechnung. Es wird in denselben auf die Reinigkeit und Rechtschreibung der Muttersprache wenig gesehen; die Rechenkunst wird sehr sparsam getrieben; zur Historie und Geographie werden entweder gar keine oder die Woche über nur aufs höchste ein paar Stunden und dieses noch wohl dazu privatim ausgesetzt. Die Weltweisheit, insonderheit die Vernunftlehre, wie auch die Meßkunst sind auf den allermeisten Schulen unbekannte Sachen. Und gleichwohl sind dieses alles solche Sachen, welche allen Schülern, wenn sie auch gleich nicht beim studieren bleiben wollten, höchst nötig wären. Selbst auch diejenigen, welche sich hauptsächlich auf die Wissenschaften zu legen gewillet sind, bekommen hier beim Lernen eine Lücke, die sie hernach nicht so leicht oder doch nicht ohne schädlichen Zeitverlust ergänzen können. Überdem sind die meisten Schulen so eingerichtet, daß wer sich nicht vornehmlich auf die Gottesgelahrtheit legen will, in denselben viel Stunden vergeblich zubringen muß. Ein solcher kann fast nichts anderes als ein bischen Latein, und dieses noch wohl dazu schlecht genug, daraus mitbringen. Aber auch die andern, welche sich der Gottesgelahrtheit gewidmet haben, finden gar selten die richtige Anweisung. Latein ist ihr vornehmstes Werk; die deutsche Sprache wird gar sehr versäumt. Und gleichwohl sollen diese Menschen ihren Gemeinden dermaleinst nicht Latein, sondern Deutsch predigen. Daher geschieht es denn auch, daß sie hernach in ihre Predigten einen Haufen lateinische, mit deutschen Endigungen versehene Wörter einmischen und kaum glauben, daß sie alles mit gutem Deutsch geben könnten, wodurch sie dann dem gemeinen Mann unverständlich werden. Das Griechische wird gemeiniglich so obenhin getrieben. Und wenn jemand auf Schulen ein wenig Hebräisch herbuchstabieren kann, so hält er sich für geschickt genug, eine hohe Schule zu besuchen.[33]

Frühneuzeitliche Lateinschule

2.4. Neunzehntes Jahrhundert

Wenn man überschlägt, wie viel Verachtung oder wenigstens Mißachtung in das Wort 'Schulmeister' gelegt wird, so möchte man glauben, der Lehrer bekleide ein Amt, das für das öffentliche Wohl völlig gleichgültig, ja eines Mannes geradezu unwürdig sei.

Bayerische Lehrerzeitung 1880

In diesem Zeitraum vollzog sich ein tief greifender gesellschaftlicher Wandel, von dem auch das Schulwesen erfasst wurde. Die Bildung wurde zu einer staatlichen Angelegenheit. Die Bildungsinhalte wurden in Form von Lehrplänen festgelegt. Die Durchsetzung der Schulpflicht machte große Fortschritte. Der Staat bekam die Oberaufsicht über die Berufsausübung der Lehrer. Die durch den Ortspfarrer ausgeübte Ortsschulaufsicht blieb jedoch bis zum Ende des Ersten Weltkriegs bestehen. Und wer Lehrer werden wollte, musste eine staatlich kontrollierte Lehrerbildung durchlaufen. Diese fand für das Gymnasiallehramt nach dem ersten Staatsexamen in Form eines seminaristischen Vorbereitungsdienstes statt. Die angehenden Stadt- und Landschullehrer besuchten nach dem Schulabschluss zunächst eine Präparandenanstalt und danach das Lehrerseminar. Die Schule, an der sie anschließend unterrichteten, hieß nicht mehr *niedere* oder *gemeine* Schule, sondern Volksschule.[34]

Etwa 90 % der Schülerinnen und Schüler waren Volksschüler. Der Rest ging entweder in die Real- und Mittelschule oder auf das Gymnasium, die reformierte Nachfolgeeinrichtung der Lateinschule. Darüber hinaus wurden auch Berufsschulen eingerichtet, um den Lehrlingen spezifische Kenntnisse und Fertigkeiten beizubringen.

Die materielle Lage der Lehrerschaft verbesserte sich nur partiell. Während Gymnasiallehrer 1819 pro Jahr 2000 Mark verdienten, mussten sich Dorfschullehrer mit 258 Mark bescheiden.[35] Sie waren deshalb auf Zusatzverdienste und die Gabe von Naturalien angewiesen. Misslich war aber nicht nur die Tatsache gravierender Gehaltsdifferenzen, sondern auch die eklatante Benachteiligung der Lehrerinnen aufgrund des Lehrerinnenzölibats. Diese durften nur dann unterrichten, wenn sie unverheiratet waren.

Ein gravierender Belastungsfaktor war außerdem die Schülermenge, die ein Lehrer betreuen musste. Besonders schlimm war die Situation an den einklassigen Volksschulen. So zum Beispiel 1848 im westfälischen Elberfeld, wo der Schulmeister Kuhlo 250 Schüler zu unterrichten hatte; oder 1853 auf Sylt, wo der Lehrer Hansen vor einer Klasse mit 140 Kindern stand.[36]

Der schwierige Kontext, in dem Lehrer zu arbeiten hatten, blieb im öffentlichen und privaten Blick auf die Lehrer des 19. Jahrhunderts weitgehend ausgeklammert. Man machte sie für die Leistungs- und Verhaltensdefizite der

Schüler verantwortlich. Der Tadel traf die niederen und höheren Lehrerstände gleichermaßen. Für August Gottlieb Spilleke, von 1821 – 1841 Schulleiter des renommierten Berliner Friedrich-Wilhelm-Gymnasiums, lag die Hauptursache darin, dass die Lehrer *die Kunst des Unterrichtens* nicht *verstünden*.[37]

Die Lehrer wurden nicht nur wegen schlechter Erziehungs- und Unterrichtsleistungen getadelt, sondern es wurde ihnen auch die Revolution von 1848 und das Aufkommen der Sozialdemokratie zur Last gelegt. Vor allem den Volksschullehrern wurde vorgeworfen, *an der geistigen Vergiftung des deutschen Volkes* mitgewirkt zu haben.[38] Es blieb nicht bei diesen Vorwürfen, sondern es wurden auch politisch aktive Lehrer sanktioniert. Darunter war der bekannte Pädagoge Friedrich Adolph Wilhelm Diesterweg, Mitglied des Paulskirchen-Parlaments und Kämpfer für die Emanzipation der Volksschullehrer. An ihm wollte man ein Exempel statuieren und entließ ihn 1850 aus dem preußischen Staatsdienst. Des Weiteren wurden die Lehrervereine verboten und ihre Mitglieder bespitzelt.

Adolph Diesterweg: Vorkämpfer für die Lehreremanzipation

Negative Lehrerbilder zeichneten auch manche Schriftsteller, die ihre Schulzeit im 19. Jahrhundert verbrachten und ihre Schulerfahrungen literarisch verarbeiteten. Zum einen geschah dies an Hand von Figuren wie der des bedauernswerten Lehrers Lämpel in Wilhelm Buschs *Max und Moritz*[39], wie der des kauzigen Lehrers Krippenstapel in Theodor Fontanes *Stechlin*[40] oder wie der des tyrannischen Gymnasiallehrers Raat in Heinrich Manns *Professor Unrat*[41]. Zum anderen wurden die erlittenen Frustrationen auch in Form allgemeiner Erlebnisbilder zum Ausdruck gebracht. Eines davon findet sich in Hermann Hesses Werk „Aus meiner Schulzeit" im Kloster Maulbronn: *Wir Schüler einer kleinen halb ländlichen Lateinschule waren an Lehrer gewöhnt, die wir entweder fürchteten oder haßten, denen wir auswichen und die wir belogen oder die wir belächelten oder verachteten.*[42]

Die Kritik, die das 19. Jahrhundert hindurch an der unterrichtlichen und pädagogischen Arbeit der Lehrer geäußert wurde, tat der Lehrerpsyche nicht gut. Es machte sich ein negatives Selbstbild breit, das von Resignation und Minderwertigkeitsgefühlen gekennzeichnet war. Es widerspiegelt sich in Negativbilanzen wie der folgenden: *Denn unser Beruf ... wird so oft theoretisch und praktisch in Frage gestellt, daß wir selten zu einiger Ruhe und Selbstgewißheit gelangen, und sehr geneigt sind, aufzuschrecken und zu erschrecken, ja uns selbst verurtheilen, wenn uns Vorwürfe ins Gesicht geschleudert werden ...*[43]

Manche Lehrer litten so sehr unter der öffentlichen Geringschätzung, dass sie in einen Zustand gerieten, der 100 Jahre später als Burnout bezeichnet wurde. Im Jahre 1872 beschrieb ihn ein hessischer Lehrer: *Ich kenne genug Collegen, die in ihrer Jugend Feuer und Flamme waren für ihren Beruf. Die Feuer sind ausgebrannt und ihre Wärme hat sich ins Gegenteil verkehrt.*[44]

Dass jemand für die Lehrerschaft in der Öffentlichkeit Partei ergriff, war eher selten der Fall. Eine dieser Ausnahmen war der leidenschaftliche Appell des bekannten preußischen Provinzialschulrats Otto Schulz: *Es ist Pflicht der Menschlichkeit, sich des gedrückten Lehrerstandes zu erbarmen. Haben wir doch Vereine gegen Tierquälerei, und wir sollten es als gleichgültig ansehen, wie ein großer Teil eines achtungswerten Standes, von dem wir die*

Heranbildung eines besseren Geschlechts erwarten, in Arbeit, Mühe und Entbehrung zugrundegeht?[45]

Ebenso exzeptionell, ja geradezu sensationell war eine Dankbezeigung, die sich im Jahre 1843 in Landsberg am Lech ereignete. Dort ehrten die Bürger den Lehrer Ignaz Gilg mit der Stiftung eines Denkmals. Sie begründeten dies damit, dass der hochverehrte Pädagoge *50 Jahre hindurch die Pflichten seines schweren Berufes mit rastlosem Eifer und rühmlicher Ausdauer* tat.[46] Von ihm hätten sie *den ersten Grund ihrer geistigen Ausbildung* erhalten.[47]

Das arme Dorfschulmeisterlein

In einem Dorf im Schwabenland,
da lebt, uns allen wohlbekannt, wohlbekannt,
da wohnt in einem Häuslein klein
das arme Dorfschulmeisterlein,
da wohnt in einem Häuslein klein
das arme Dorfschulmeisterlein.
Des Sonntags ist er Organist,
des Montags fährt er seinen Mist,
des Dienstags hütet er die Schwein,
das arme Dorfschulmeisterlein.
Des Mittwochs fährt er in die Stadt
und kauft, was er zu kaufen hat,
'nen halben Hering kauft er ein,
das arme Dorfschulmeisterlein.
Des Donnerstags geht er in die Schul
und legt die Buben übern Stuhl.
Er haut solange bis sie schrein,
das arme Dorfschulmeisterlein.
Und wenn im Dorfe Hochzeit ist,
dann könnt ihr sehen, wie er frisst.
Was er nicht frisst, das steckt er ein,
das arme Dorfschulmeisterlein.

Und wird im Dorf ein Kind getauft,
dann könnt ihr sehen, wie er sauft.
Elf Halbe schüttet er sich ein,
das arme Dorfschulmeisterlein.
Und wird im Dorf ein Schwein geschlacht',
dann könnt ihr sehen, wie er lacht.
Die größte Wurst ist ihm zu klein,
dem armen Dorfschulmeisterlein.
Und wenn's im Dorfe einmal brennt,
dann könnt ihr sehen, wie er rennt.
Die nächste Ecke rennt er ein,
das arme Dorfschulmeisterlein.[48]

2.5. Zwanzigstes Jahrhundert

Im 20. Jh. hat die Schule in einem Umfang Veränderungen erfahren, wie sie sich sonst selbst über Jahrhunderte hinweg nicht ereigneten.

Horst Schiffler und Rolf Winkeler

Aufgrund des stetig steigenden Qualifikations- und Bildungsbedarfs der Industriegesellschaft dehnte sich im Verlauf des 20. Jahrhunderts das Bildungswesen in einer bisher nie gekannten Quantität aus. Ein Phänomen, das man als Bildungsexpansion bezeichnet. Zwischen 1900 und 2000 wurden der Schule deutlich mehr Ressourcen zur Verfügung gestellt als in der ersten Phase der Neuzeit. Das Angebot an schulischen Bildungswegen und Bildungsmöglichkeiten wurde immer vielfältiger. Gleichzeitig verbesserten sich auch die Lehrerausbildung und die Lehrerbesoldung. Letztere erfuhr allerdings erst im letzten Drittel des 20. Jahrhunderts eine spürbare Steigerung. Auch die Klassengrößen, die einst unvorstellbar groß waren, reduzierten sich deutlich. Jedoch nicht so, dass von einer optimalen Situation gesprochen werden konnte.

Nach wie vor schwierig war das Sozialverhalten der Schüler. Im ausklingenden Jahrhundert geriet es unter dem Titel „Gewalt an Schulen" in den Fokus der Medien. Diese Veränderung der Erziehungssituation trug entscheidend zur Erhöhung der psychomentalen Lehrerbelastung bei.

Obwohl es im äußeren Bedingungsgefüge positive Veränderungen gab, blieb in der Endphase des Kaiserreichs und in der Weimarer Republik die seelische Lage der Lehrer schwierig. Den Volksschullehrern wurde zur Last gelegt, dass viele Jugendliche die Schule ohne Abschluss verließen. Laut der preußischen Statistik von 1926 erreichten lediglich 49% der Schüler in den städtischen Gemeinden das reguläre Ziel der Volksschule und auf dem Lande 54%.[49]

Auch für die geringe Ausbildungsreife vieler Schulabgänger wurde die Volksschule verantwortlich gemacht. Am Beginn der dreißiger Jahre monierte der Württembergische Industrie- und Handelstag, *dass viele aus der Volksschule kommende Lehrlinge nicht diejenigen Kenntnisse in der deutschen Sprache, im Rechtschreiben und im Rechnen mitbringen, die man von ihnen verlangen müsse.*[50]

Die Gymnasialpädagogen blieben von der Kritik an der Lehrleistung nicht verschont. Negatives Feedback kam vor allem von den Hochschulen, die das Bildungsniveau der Studienanfänger kritisierten. So klagte der Senat der Universität München 1926, *dass die akademische Jugend weit weniger geschult ist als früher, ihre Gedanken in ihrer Muttersprache schlicht und einwandfrei auszudrücken.*[51]

Noch schlimmer erging es der Lehrerschaft während der bildungsfeindlichen nationalsozialistischen Herrschaft. Nach der Machtergreifung mussten Tausende von Lehrern aus rassischen oder politischen Gründen den Schuldienst quittieren. Von den verbliebenen Lehrkräften wurde erwartet, dass sie die rassistische nationalsozialistische Ideologie den Schülern nahebringen. Ein fieses Überwachungs- und Bespitzelungssystem sollte dafür sorgen, dass dies wirklich auch umgesetzt wurde.

Der einstige Schulversager Adolf Hitler selbst wurde zu einem prominenten Exponenten der Lehrerschelte. Von allen Berufsgruppen, über er sich verächtlich äußerte, kamen die Lehrer am schlechtesten weg. Dabei rekurrierte er immer wieder auf seine eigenen Kindheits- und Jugenderinnerungen. Zum einen lästerte er über das äußere Erscheinungsbild: *schmutzig, dreckige Kragen, ungepflegte Bärte*[52].

Zum anderen stellte er ihrer Kompetenz ein mangelhaftes Zeugnis aus: *Wenn man sich das Lehrermaterial an den Schulen näher anschaut, muß man sagen, dass ein gewisser Prozentsatz davon irrsinnig war: Sie töteten die Kinderseele. Nur die paar anderen haben Erfolge! Wenn man sich vorstellt, dass so ein Mensch von Lehrer ein ganzes Leben soll abschließen können, dann darf man die Führung einer Nation nicht aufbauen auf der Basis der Schulzeugnisse. Dem Leben muß man die Möglichkeit geben zu korrigieren!*[53] Das Fazit seiner Lehrer-Erfahrungen hieß klar und eindeutig: *Die Lehrer, ich kann sie nicht leiden. Die wenigen, die gut waren, bestätigen die Regel.*[54]
Die Hitlerjugend und der Bund der Deutscher Mädchen orientierten sich am Lehrerbild beziehungsweise am Lehrerhass des Führers. Sie kontrollierten Lehrer ideologisch und gingen auf Konfrontation mit ihnen. Wenn diese beispielsweise mehr Fleiß anmahnten, antworteten die hitlertreuen Schülern häufig mit folgendem Argument: *Der Führer hat auch nichts gelernt und ist trotzdem Führer geworden.*[55] Und die Pauker lächerlich zu machen, war tägliche Übung. Die Lehrer wurden wieder zum bevorzugten Spottobjekt, das sie in der Frühneuzeit einmal waren.

Nach dem Ende der Hitler-Diktatur veränderten sich zwar die politisch-rechtlichen Rahmenbedingungen der Lehrerarbeit, aber das Verhältnis zwischen der Lehrerschaft und ihrem gesellschaftlichen Umfeld blieb problematisch. Die Lehrerschelte überwog das Lehrerlob bei weitem. Anlass waren wiederum Untersuchungen zum Leistungsstand der Schüler, deren Ergebnisse häufig nicht den Erwartungen entsprachen. Die Schuld daran wurde nicht selten dem schlechten Schulunterricht zugeschrieben.

Besonders hart fiel die Schuldzuschreibung aus, als Deutschland Mitte der 90er Jahre in der dritten internationalen Mathematik- und Naturwissenschaftsstudie (TIMMS) nur mittelmäßig abschnitt. Die Medien transportierten nicht nur die Ergebnisse der Untersuchungen, sondern stimmten durch entwertende Bestandsaufnahmen selbst in den Chor der Kritik ein. So der des Nachrichtenmagazins DER SPIEGEL am Beginn der 90er Jahre unter dem Titel „Chaos Schule". *Misswirtschaft im Klassenzimmer* und mit dem Fazit: *Die deutsche Schule steckt in der Krise: Lehrer drücken sich vor dem Unterricht, Eltern klagen über den Stundenausfall, Professoren kritisieren die Wissenslücken der Schüler.*[56] Dem folgte ein paar Jahre später das SPIEGEL SPECIAL *Lehrer-Leistung: mangelhaft.* Diese Ausgabe enthielt auch ein Interview mit dem Hamburger Erziehungswissenschaftler Peter Struck, der zum Schluss kam, dass er 70% der Lehrer *die Note 5* geben müsste.[57]

Verstärkt wurde die negative Berichterstattung durch despektierliche Aussagen von Spitzenpolitikern. Die meistzitierte Lehrerschelte erscholl 1995 aus dem Mund von Gerhard Schröder (SPD), damals Ministerpräsident von Niedersachsen und später deutscher Bundeskanzler. In einem Interview, das die Schülerzeitung „Die Wühlmaus" des St.-Viti-Gymnasiums in Zeven 1995 mit ihm führte, nannte er die Lehrer *faule Säcke.*[58] Als daraufhin die Lehrerverbände scharf protestierten, versuchte Gerhard Schröder zu deeskalieren. Er ließ verlauten, dass er das Interview gar nicht autorisiert habe. Doch aus den Tonbandmitschnitten ging die Authentizität seiner Worte klar hervor.

Ähnlich herabsetzend äußerte sich 1997 Günther Oettinger, seinerzeit Vorsitzender der CDU-Fraktion im baden-württembergischen Landtag. Er gab den Lehrern jenseits der 50 das Etikett *faule Hunde.*[59] Schließlich stieß im selben Jahr der rheinland-pfälzische Ministerpräsident Kurt Beck (SPD) ins gleiche Horn: *Was die Lehrer in einer Woche arbeiten, habe ich schon bis Dienstagabend geschafft.*[60]

Die zunehmende Lehreraversion veranlasste den Schulforscher Hans-Günther Rolff, mehr Fairness bei der Berichterstattung über Lehrer und bei der Beurteilung der Lehrerarbeit anzumahnen. Er sprach davon, dass der Lehrer zum *Prügelknaben der Nation* gemacht werde.[61]

Ein ganz anderer Blick auf den Lehrerberuf öffneten erste wissenschaftliche Analysen und Erhebungen zur Lehrerbelastung. Im Spiegel ihrer Ergebnisse war die Lehrerarbeit kein Halbtagsjob, sondern seelische Schwerarbeit mit relativ großer Burnout-Gefahr. Die Schulforscherin Anne-Rose Barth ermittelte in der ersten deutschen Erhebung zum Thema Lehrerstress einen Anteil von 22% ausgebrannter Lehrer.[62] Und der Arbeitsphysiologe Wolf Müller-Limmroth verglich ihre Pulsfrequenzen mit denen von Formel-I-Rennfahrern.[63] Diese Befunde bestätigten ein Lehrerleiden, das bereits im Jahre 1911, also zu Beginn des Jahrhunderts, von Siegbert Schneider im Oberpfälzer Schulanzeiger beschrieben wurde: *Außer den Krankheiten, die den Lehrer wie Angehörige anderer Berufe treffen können, gibt es solche Krankheiten, die mit dem Lehrerberuf zusammenhängen ... Nach einer Mitteilung des Geh. Sanitätsrats Wichmann ... waren von 305 untersuchten Lehrern 117 nervös belastet. Von den letzteren blieben in ihrem Berufe später nur 25 gesund. Unter 259 kranken Lehrern und 540 kranken Lehrerinnen waren 68% nervenkrank. Die häufigste Nervenkrankheit ist die Neurasthenie ... Die Ursachen der Neurasthenie, dieser modernen Krankheit, sind die übermäßigen fortgesetzten Anforderungen des Berufes ... Gerade der Beruf des Lehrers erfordert eine starke und fortgesetzte Anspannung der Geisteskräfte und der Selbstzucht ... Kommen dazu noch Existenzsorgen, Kummer usw., dann ist es kein Wunder, wenn das Nervensystem zusammenbricht.*[64]

Tucholskys Schul-Verriss

Kurt Tucholsky, prominenter deutscher Publizist, übte in lyrischer Form scharfe Kritik am wilhelminisch geprägten Schulwesen. Das Gedicht erschien am 24.7.1919 in der Wochenzeitschrift Weltbühne unter dem Pseudonym Kaspar Hauser.[65]

Die Schule

Wer die Schule hat, hat das Land.
Aber wer hat die bei uns in der Hand!

Du hörst schon von weitem die Schüler schnarchen.
Da sitzen noch immer die alten Scholarchen,
die alten Pauker mit blinden Brillen,
sie bändigen und töten den Schülerwillen.
Und lesen noch immer die alte Fibel
und lehren noch immer den alten Stiebel:

Wie in den alten Zeiten die wichtigen Schlachten
die großen Völkerentscheidungen brachten,
wie die Fürsten und die Söldnerlanzen
den großen blutigen Contre tanzen,
und ohne die heilige Monarchie
sei die Hölle auf Erden – und schließlich,
wie die Völker nur eigentlich Statisten seien.
Man müßte ihnen die Dumpfheit verzeihen.
Könnten eben nichts weiter dafür ...

Und sie lernen vom Kupfercyanür.
Und von den braven Kohlehydraten.
Und von den beiden Koordinaten.
Und von der Verbindung mit dem Chrome.

Lernen auch allerhand fremde Idiome.
Ut regiert den Konjunktiv.
Polichinelle ist ein Diminutiv.
Und was so dergleichen an Stoff und an Wissen.

Himmelherrgott! ist die Schule beschmissen!
Seelenmord und Seelenraub!
Unter die Kruste von grauem Staub
drang auch kein Luftzug der neuen Zeit.
Der alte Schulrat im alten Kleid.
Wundert euch nicht! Was kommt aus dem Haus
schließlich nach Oberprima heraus?

Ein nationalistischer langer Lümmel.
Gut genug für den Ämterschimmel.
Gut genug für die alten Karrieren –
als ob die heute noch notwendig wären!

Türen auf und Fenster auf!
Lege deine Hand darauf,
lieber Herr Haenisch, und zeige den Jungen,
wie die alten Griechen sungen –
aber ohne die Philologie
und ohne die Kriegervereinsmelodie!

Wer die Jugend hat, hat das Land.
Unsre Kinder wachsen uns aus der Hand.
Und eh wir uns recht umgesehn,
im Handumdrehn,
sind durch die Schulen im Süden und Norden
aus ihnen rechte Spießbürger geworden.

Mediale Lehrerschelte

2.6. Einundzwanzigstes Jahrhundert

Lehrerinnen und Lehrer üben einen Beruf aus, der – wie kaum ein anderer – einer andauernden öffentlichen Thematisierung ausgesetzt ist. Typisch dafür sind von außen an Lehrer(innen) herangetragene Angriffe und Schuldzuweisungen, denen diese nicht selten mit Hinweisen auf unzulängliche Bedingungen und außerschulische Konstellationen begegnen.

Johannes Bastian

Die Schule der Jetztzeit ist zu einer der wichtigsten gesellschaftlichen Institutionen geworden. Die schulische Kernaufgabe ist nach wie vor der Unterricht, doch in der Schule der Zweiten Moderne stehen entsprechend dem gesellschaftlichen Wandel immer mehr Zusatzaufgaben an:

- Sozialerziehung
- Methodentraining
- Vermittlung medialer Kompetenzen
- Inklusion Behinderter
- Migranten-Integration
- Gewalt- und Suchtprävention
- Erste Hilfe bei Schulproblemen.

Von den Lehrern wird auch erwartet, dass sie ihren Unterricht anders gestalten, als dies in den Jahrtausenden zuvor der Fall war: weg vom frontal dominierten Lehren hin zur Individualisierung der Lernprozesse.

An die unterrichtliche und pädagogische Arbeit hat die Gesellschaft hohe Qualitätserwartungen. Um die Schulqualität zu sichern und weiterzuentwickeln, müssen Schulen sich jetzt einer Selbst- und Fremdevaluation unterziehen. Außerdem wird in Leistungserhebungen die Umsetzung von Bildungsstandards fortwährend überprüft.

Für das, was die Lehrer leisten, werden sie im internationalen Vergleich gut bezahlt, krankenversichert und später altersversorgt. Dies ist den regelmäßigen Bildungsberichten der Europäischen Union (EU) und den Analysen der Organisation für wirtschaftliche Zusammenarbeit und Entwicklung (OECD) zu entnehmen. Doch der isolierte Blick auf die Einkommen trügt. Er blendet die Tatsache aus, dass deutsche Lehrer mehr Arbeitszeit als die Kollegen in vielen anderen Ländern ableisten und in größeren Klassen unterrichten. Ebenso kritisch anzumerken ist, dass sich in den Gehältern der unterschiedlichen Schulformen die wahre pädagogische Leistung nicht widerspiegelt. Die Arbeit mit jüngeren, verhaltensschwierigen und behinderten Schülern wird unterbezahlt.

Auch wenn die Lehrerschaft über alles gesehen gut da steht, geht es ihr im 21. Jahrhundert psychomental nicht besonders gut. Das in den PISA-Studien, die seit 2000 im Drei-Jahresrhythmus durchgeführt werden, bisher mäßige Abschneiden der deutschen Schüler wird gerne den Lehrern zugerechnet. Differenziertere Betrachtungen sind in der medialen Berichterstattung eher selten. Einflussfaktoren der PISA-Testleistung wie familiäre Defizite, Migrationsprobleme und schlechte Arbeitsbedingungen (z.B. zu große Klassen) bleiben häufig unerwähnt.

Ähnlich sind die öffentlichen Reaktionsmuster, wenn Statistiken zur Schülergewalt veröffentlicht werden oder wenn sich an Schulen extreme Gewalttaten ereignen. Das öffentliche Urteil über die Lehrer wird schließlich in pauschalisierenden Schlagzeilen ausgedrückt (siehe unten).

Verstärkt wird die negative Berichterstattung der Nachrichtenmedien durch Angriffe von Exponenten der Wirtschafts- und Kulturelite gegen Lehrer. Dies war der Fall, als nach der Veröffentlichung der ersten PISA-Studie der Arbeitgeberpräsident Dieter Hundt ein Ende der *Kuschelpädagogik* forderte.[66] Ein weiteres Beispiel ist der deutungsmächtige Philosoph Peter Sloterdijk, der in einem Interview mit Reinhard Kahl die Lehrer als *Berufslangweiler* bezeichnete, *die die kindliche Intelligenz verleimen, verkleben und beleidigen ...*[67]

Ebenso schädlich sind reißerische Buchpublikationen. Eine solche ist das 2005 erschienene „Lehrerhasserbuch" von Lotte Kühn alias Gerlinde Unverzagt.[68] Es basiert anscheinend auf dem, was die Autorin mit ihren vier Schulkindern erlebt hat. Ausgehend davon fährt sie Attacken gegen die Lehrerschaft. Ihr Lesepublikum bedient sie mit gängigen Vorurteilen und Klischees. Und sie scheut sich auch nicht davor, Grenzen zu überschreiten. Ein Beispiel hierfür ist die folgende Textstelle: *Lieber als zu lehren spielt der Lehrer Tennis, läuft Ski, fälscht seine Steuererklärung und baut sein Dachgeschoss aus. Strebt einen ruhigen Posten in der Schulverwaltung oder einen breiten Sessel im Abgeordnetenhaus an oder arbeitet schlitzohrig auf sein persönliches Burnout hin, das ihm die Frühpensionierung beschert.*[69]

Lehrerschelten zielen nicht nur auf den Berufsstand ab. Ins Visier der Medien geraten immer mal wieder einzelne Lehrer, die aus medizinischen Gründen frühpensioniert worden sind und im Ruhestand alles andere als den Eindruck körperlich-psychischer Beeinträchtigung erwecken. Den Fallbeispielen liegt meist folgender Werdeprozess zugrunde: längere Krankschreibung → amtsärztliche Untersuchung → Verdacht auf Simulantentum → Feststellung der Dienstunfähigkeit durch fachärztliches Gutachten → Zurruhesetzung. Bundesweit bekannt geworden ist der Fall eines Studienrats, der wegen einer diagnostizierten Schülerallergie frühpensioniert wurde, auf Sylt lebt und intensiv golft.[70]

Die Boulevardblätter titulierten ihn als Deutschlands faulsten Lehrer. Sie verstärken das Negativbild vom faulen Lehrer, der sich außerdem frühpensionieren lässt und auf Kosten der Steuerzahler ein unbeschwertes Leben verbringt.

In Kontrast zu diesem Negativbild stehen die Ergebnisse der bisher umfangreichsten Studie zur beruflichen Belastung von Lehrern. Ihr wissenschaftlicher Leiter, Uwe Schaarschmidt, zieht aus der Fülle des Datenmaterials folgenden Schluss: *Für die Lehrerschaft ergibt sich ein durchaus problematisches Bild ... Der Lehrerberuf gehört zu den Berufen, die in besonderem Maße mit psychischen Belastungen verbunden sind.*[71] Inzwischen sind diese wissenschaftlichen Erkenntnisse von den Medien unserer Informationsgesellschaft ins öffentliche Bewusstsein transportiert worden.

Obwohl die Journalisten jetzt mehr darum bemüht sind, die Schattenseiten der schulpädagogischen Arbeit aufzuzeigen, mangelt es ihnen dennoch an echter Empathie. Ihre Berichte erzeugen eher den Eindruck vom hilflosen, kränkelnden Lehrer, der sich aufgrund fehlender Stressresistenz schwertut, seine beruflichen Aufgaben wirksam zu bewältigen. Und so erstaunt es nicht, wenn zwei Drittel der Bundesbürger Lehrer für überfordert halten.[72]

Auch die demoskopischen Daten zum Thema Berufsprestige deuten nicht auf einen bedeutsam positiven Wandel des Lehrerbildes hin. In einer Studie des Deutschen Beamtenbundes wurden 2012 die Bürger nach dem Ansehen verschiedener Berufe befragt. Ergebnis war, dass sich die Lehrer im Vergleich zu früheren Erhebungen zwar leicht verbessert hatten, aber auf der Prestigeskala immer noch hinter den Müllmännern, Polizisten und Feuerwehrleuten liegen.[73]

Am Ende dieses professionsgeschichtlichen Rundgangs sei noch auf ein Phänomen hingewiesen, das die traditionelle Lehrerschelte um ein Vielfaches negativ übertrifft: das Cyber-Mobbing am digitalen Pranger. Darunter versteht man gezieltes Belästigen, Bloßstellen und Beleidigen in den Blogs und Foren des Internets. Nach Schätzungen der Gewerkschaft für Erziehung und Wissenschaft sind 8% der Lehrer davon betroffen.[74] Die strafrechtlich relevanten Attacken zeitigen schlimme psychische Folgen. Sie reichen von Alpträumen bis hin zu Depressionen.

Schlagzeilen über Lehrer

Schlechter Unterricht? Lehrer-„Pisa" kommt
n-tv.de, 28.8.2002

Schlechte Noten für Lehrer
Darmstädter Echo, 30.10.2002

Miese Noten für die Pauker
Focus, 9.5.2005

Zu alt, zu träge, überbezahlt
SPIEGEL ONLINE, 18.09.2004

Skandalöses Schüler-Lotto: Lehrer lassen arme Kinder zu selten ans Gymnasium
SPIEGEL, 11.9.2008

Studie: Der Beruf Lehrer ist nur Notlösung
Markenpost.de, 19.3.2008

Schulfach Mathematik: Lehrer, gescheitert an den Hausaufgaben
Süddeutsche Zeitung, 15.4.2010

Deutschland braucht bessere Lehrer
Stern.de, 7.12.2010

Heftige Schelte für unsere Lehrer
Passauer Neue Presse, 23.3.2011

Dauerkranke Lehrer kosten Berlin 66 Millionen Euro
Berliner Kurier, 16.11.2012

3. Eine Fünftausendjährige Lob-Tadel-Bilanz

Man sieht, der Beruf des Schulmeisters ist kein angenehmer Beruf.

Friedrich Paulsen

Im Verlauf der gesellschaftlichen Entwicklung ist der Lehrer zum zentralen Vermittler kulturtechnischer Fertigkeiten geworden. Ohne seine Tätigkeit wäre der zivilisatorische Fortschritt der letzten 5000 Jahre nicht möglich gewesen. Seit Lehrer Kindern und Jugendlichen das Wissen von der Welt vermitteln, werden sie mit Argusaugen beobachtet und beurteilt.

Stellt man die positiven und negativen Werturteile gegenüber, so sieht das Bilanzergebnis insgesamt nicht erfreulich aus. Die Lehrerschaft erfährt mehr Schelte als Lob. Zentrale Kritikpunkte sind die Unterrichtsqualität, das Disziplinmanagement und die Arbeitsmotivation. Im Fokus der Kritik stehen sowohl einzelne Lehrer als auch die Lehrerschaft als Ganzes.

Diese Feststellung trifft allerdings nicht auf die ersten beiden Jahrtausende der Schulgeschichte zu, als in der mesopotamischen und ägyptischen Hochkultur der Lehrerberuf zum ersten Mal ausgeübt wurde. Der Lehrer zählte damals zu einer kleinen gesellschaftlichen Schicht, die der Kulturtechniken mächtig war. Außerdem besaß er die Fähigkeit, anderen Menschen die hochkulturellen Fertigkeiten des Lesen, Schreibens und Rechnens beizubringen. Von der großen Masse der Analphabeten wurde er deshalb beneidet und bewundert. Er war eine Respektsperson mit einem hohen gesellschaftlichen Prestige.

Die herausragende Position des Lehrers veränderte sich im weiteren Verlauf der Antike. Als in Griechenland und später auch in Rom die Schriftkultur sich rasant ausbreitete und die Anzahl der kulturtechnisch kompetenten Menschen rapide zunahm, bekleidete der Lehrer nicht mehr den privilegierten Rang, den er in der Frühzeit der Schulgeschichte inne hatte. Um Unterricht zu erteilen, musste er lediglich lesen, schreiben und rechnen können. Eine spezielle Qualifizierung war nicht vonnöten. Was er konnte, beherrschten viele andere auch. Nur mit dem Unterschied, dass sie keine Motivation verspürten, diese nervenaufreibende Tätigkeit auszuüben. Im Gegensatz zur Zeit der frühen Hochkulturen war sein Ansehen nun nicht größer als das eines gewöhnlichen Handwerkers.

Eine Renaissance des pädagogischen Berufsprestiges fand nochmals in der Frühphase des Mittelalters statt. Damals lagen nach dem Zusammenbruch des römischen Reiches die Bildung und Schriftkultur darnieder. Die wenigen Menschen, die noch Schriftkompetenz besaßen, waren Kleriker. Sie wurden als Kulturvermittler ähnlich wertgeschätzt wie die Väter des Tafelhauses im alten Sumer.

Als im Hoch- und Spätmittelalter das Bildungsniveau wieder anstieg, ging die Ausnahmestellung der Lehrer zu Ende. Wer die Kulturtechniken beherrschte, konnte in einer Winkel- und Klippschule Unterricht anbieten. Eine Lehrerbildung gab es nicht. Erneut rutschte der Lehrer auf der Berufsprestigeskala nach unten. Geringschätzung war die Regel, Wertschätzung die Ausnahme.

In den ersten Jahrhunderten der Neuzeit war die psychosoziale Lage der Lehrer genauso miserabel wie im Mittelalter. Ohne besondere Ausbildung, bei karger Besoldung und geringer gesellschaftlicher Anerkennung unterrichteten sie unter schwersten äußeren Bedingungen.

Statt Empathie erfuhren sie täglich Antipathie und Kränkungen. Von einer Fürsorgepflicht der weltlichen und kirchlichen Dienstherren war wenig zu spüren.

Die Lehrerschaft litt an ihrer prekären Situation körperlich und psychisch. Erst als sie den Kampf für eine bessere Lehrerbildung und ökonomische Existenzsicherung wagte und forcierte, verbesserte sich schrittweise ihre

Lage. Sicherlich trug dazu auch die Tatsache bei, dass die politischen Entscheidungsträger die Bedeutung schulischer Kompetenzvermittlung für den ökonomischen Fortschritt zu erkennen begannen.

Jetzt, am Beginn des 21. Jahrhunderts, gehört das Prekariat der Lehrer der Vergangenheit an. Was sich nicht verändert hat, ist die mangelnde psychische Unterstützung und Wertschätzung. Und so kommen die Lehrerforscher Martin Rothland und Erwin Terhart in einer Professionsanalyse nicht umhin, als resignativ zu konstatieren: *Das Negativ-Image des Lehrerberufs hat eine lange und konstante Tradition.*[75]

4. Ursachen der Lehrerschelte

Die Erkenntnis der Wirkung hängt von der Erkenntnis der Ursachen ab und schließt diese ein.

Spinoza

Es ist schwierig, ein so komplexes Phänomen wie die Lehrerschelte ursächlich zu erklären. Warum werden Lehrer immer wieder attackiert? Warum erfahren sie so wenig Wertschätzung? Warum ist das Negativ-Image so langlebig? Diese Fragen werden von den Betroffenen oft gestellt. Darauf eine einfache Antwort zu geben ist nicht möglich. Denn am Missverhältnis von Lehrerlob und Lehrertadel sind viele Ursachen beteiligt. Im Folgenden wird der Versuch unternommen, dieses Bedingungsgefüge zu erhellen.

4.1. Das negative Urbild vom Lehrer

Hinter der negativen imago des Lehrers steht die des Prüglers, ein Wort übrigens, das ebenfalls bei Kafka, im Prozeß vorkommt.

Theodor Adorno

Am 21.5.1965 hielt der Soziologe und Philosoph Theodor W. Adorno einen viel zitierten Vortrag zum Thema „Tabus über dem Lehrerberuf".[76] Darin befasst er sich vor allem mit der Frage, warum es so viele Abneigungen gegen Lehrer gibt. Eine zentrale Ursache sind für ihn seelisch tief sitzende, unbewusste Vorstellungen. Es handelt sich dabei um ein komplexhaftes Urbild, das seit der Antike existiert und weiterhin unser Verhältnis zu den Lehrern beeinflusst. Ihm liegt die Tatsache zugrunde, dass der Lehrer über weite Strecken der Schulgeschichte beileibe nicht als eine aus der Grundhaltung der Liebe agierende Person galt. Er war jemand, der dazu ermächtigt wurde, mit psychischer und physischer Härte die Schuldisziplin aufrechtzuerhalten und den Schülern Lernstoff einzubläuen. Auch wenn nicht alle Lehrer in gleichem Maße straften, wurden sie als jemand erlebt, der die seelische und körperliche Integrität des Schülers bedrohte. Diesbezüglich unterschieden sie sich nur wenig von staatlichen Ordnungskräften wie Polizisten oder Soldaten. Es war in der Frühneuzeit sogar nicht selten der Fall, dass Soldaten nach der Ausmusterung Lehrer wurden.

Obwohl die Prügelstrafe seit 1977 verboten ist, besitzt der Lehrer weiterhin das Recht, Strafen zu verhängen, wenn Schüler vorgegebene Normen und Grenzen verletzen. Hinzu kommt, dass er nicht nur eine Sanktionsmacht besitzt, sondern auch eine Bewertungsmacht. Letzteres beinhaltet immer die Gefahr, dass sich Eltern und Schüler durch Leistungsbeurteilungen und Leistungskommentare gekränkt fühlen.

Ob der Lehrer will oder nicht, er ist aus soziologischer Sicht ein Agent des Zivilisations- und Sozialisationsprozesses, der im Auftrag der Gesellschaft notfalls mit Lern- und Verhaltenszwängen handelt. Immer dann, wenn er in dieser Rolle handelt, vor allem in Konfliktsituationen, leuchtet in vielen Schüler- und Elternseelen das Urbild vom bösen Lehrer auf. Jetzt wird schärfer wahrgenommen, was trennt. Es kommt zu Gefühlen wie Ärger, Angst, Argwohn oder Wut. Das Denken verengt sich und die Lösungsintelligenz schrumpft. Ähnliche Prozesse können in derselben Situation in der Psyche des Lehrers ablaufen. Gelingt es ihm nicht, sie durch ein professionelles Emotionsmanagement zu kontrollieren und agiert er aus, gelangt der Fall recht schnell in die Öffentlichkeit. Möglicherweise wird daraus eine Story wie jene, die am 17.5.2010 unter der Schlagzeile „Wenn der Lehrer ausrastet" in der Süddeutschen Zeitung erschienen ist.[77] Und dies wiederum führt dazu, dass das negativ besetzte Urbild in der Kollektivseele verankert bleibt.

4.2. Die Spätfolgen schulischer Kränkungen

Jeder hat Erfahrungen mit dem Lehrerberuf gesammelt, letztlich gibt es in modernen, verschulten Gesellschaften niemanden, der nicht schon unangenehme Erfahrungen mit seinen Lehrern hatte.

Ewald Terhart

Der Salzburger Erziehungswissenschaftler Volker Krumm befasste sich in mehreren Studien mit kränkendem Lehrerverhalten. Unter anderem befragte er auch Erwachsene, die ihre Schulzeit bereits abgeschlossen hatten. Etwas mehr als drei Viertel gaben an, von Lehrern mindestens einmal gravierend gekränkt worden zu sein. Dass diese Ereignisse immer noch nachwirken, behaupteten 50%. Und ebenfalls 50% *erlebten die Lehrerkränkungen ebenso schlimm oder schlimmer als Angriffe durch Mitschüler.*[78]

Lehrern ist offensichtlich nicht immer bewusst, dass sie junge Menschen vor sich haben, *die psychisch noch nicht gefestigt und deshalb besonders verletzbar sind.*[79] Auch wenn manche Äußerungen ohne Verletzungsabsicht getan werden, treffen sie das Selbstwertgefühl des Schülers. Letztlich bestimmt der Empfänger einer Botschaft darüber, welche Wirkungen sie in seiner Seele auslöst.

Kränkungen verursachen aus neurowissenschaftlicher Sicht ähnliche Schmerzen wie körperliche Züchtigungen. Wirkungsort ist der dorsale anteriore cinguläre Cortex (dACC). Diese zum limbischen System (Gefühlshirn) gehörende Region spielt im Schmerznetzwerk des Gehirns eine wichtige Rolle. Je gravierender eine seelische Verletzung ist, *desto stärker wird der dAAC aktiviert.*[80] Das neuronale Aktivierungsmuster ist deckungsgleich mit jenem, das durch Schläge hervorgerufen wird.

Ob und in welchem Maße ein Schüler sich gekränkt fühlt, hängt natürlich auch von seinem aktuellen Befinden und von seiner Entwicklungssituation ab. Was für den einen Schüler eine Kränkung ist, empfindet der andere möglicherweise nicht so.

Trotz des subjektiven Faktors in der Wahrnehmung des Empfängers gibt es Kränkungen, die für die große Mehrheit der Schüler wirkliche Kränkungen sind:

- Bloßstellung
- Beschimpfung
- Beleidigung
- ungerechte Bestrafung
- ungerechte Benotung.

Kränkenden Äußerungen von Lehrern gehen nicht selten Provokationen durch Schüler voraus. Auf diese mit Gegen-Aggressionen zu reagieren, ist nicht gerechtfertigt, auch wenn der Lehrer diese Handlung mit Hilflosigkeit zu begründen sucht. Hierzu ein paar Original-Beispiele:

- *Lass dir beim Neurologen dein Gehirn scannen.*
- *Du bist noch dümmer als deine Schwester.*
- *Du schaust aus wie ein Krimineller.*
- *Geh dorthin, woher dein Vater stammt.*
- *Du bist eine absolute Null.*

Häufen sich während der Schullaufbahn Kränkungserlebnisse und gelingt die emotionale Verarbeitung nicht, ist die Lehreraversion perfekt. Die Kränkung wird ins Leben mitgenommen. Für die Betroffenen macht es einen kompensatorischen Sinn, Lehrer zeitlebens zu schelten oder gar zu hassen.

4.3. Der Lehrer als Sündenbock

Daß wir das Schlechte so leicht glauben, ohne es genau geprüft zu haben, ist eine Folge von Hochmut und Trägheit: Wir brauchen einen Sündenbock und sind doch zu faul, uns zu überzeugen, ob die Anklage auch berechtigt ist.

François de La Rochefoucauld

Der Begriff Sündenbock lässt sich auf ein altisraelitisches Ritual zurückführen. In biblischen Zeiten wurde das Volk Israel einmal jährlich, am Jom-Kippur-Tag, entsühnt. Der Hohepriester bürdete die Sünden des Volkes symbolisch einem Ziegenbock auf, der anschließend in die Wüste geschickt wurde. Die Menschen fühlten sich dadurch von ihren Schuldgefühlen befreit.

Die Sozialpsychologie hat sich die Geschichte vom Sündenbock zu Eigen gemacht. Aus ihrer definitorischen Sicht ist der Sündenbock eine Person oder Gruppe, der die Schuld für Fehler und Misserfolge zugewiesen wird. Mit Hilfe des Sündenbock-Mechanismus lenkt man von der eigenen Schuld ab. Eine differenzierte Fehleranalyse und die gemeinsame Suche nach einer Problemlösung bleiben aus. Der Andere ist der Schuldige.

Wie im Kapitel 2 an historischen und aktuellen Beispielen aufgezeigt, müssen Lehrer seit der Antike immer wieder die Rolle des Sündenbocks übernehmen. Sie werden für das verantwortlich gemacht, was in der Schule nicht gut läuft. Egal, ob es sich um das schlechte Abschneiden in internationalen Schulleistungsstudien, um die Zunahme von Schülergewalt oder um Schulprobleme einzelner Schüler handelt. Diese Strategie wird besonders gerne von Politikern und Eltern angewandt. Man baut dadurch die eigene Frustration ab. Und man verschiebt die eigene Verantwortung für Versäumnisse und Fehler auf den Lehrer beziehungsweise die Lehrerschaft. Dieser Umgang mit Fehlern ist weit verbreitet. Es mangelt an einer konstruktiven Fehlerkultur.

Je häufiger Personen und Gruppen zum Sündenbock gemacht werden, desto wahrscheinlicher wird daraus ein Feindbild, das zur Zielscheibe fehlgeleiteter Aggression wird.

4.4. Der Lehrer unter Erwartungsdruck

Der Lehrer hat die Aufgabe, eine Wandergruppe mit Spitzensportlern und Behinderten bei Nebel durch unwegsames Gelände in nord-südlicher Richtung zu führen, und zwar so, dass alle bei bester Laune und möglichst gleichzeitig an drei verschiedenen Zielorten ankommen.

Wolf Müller-Limmroth

Schon in der Mitte des 19. Jahrhunderts hat Adolph Diesterweg erkannt, wie hoch die Ansprüche an den Lehrerberuf sind und wie schwierig es ist, diesen zu entsprechen. Recht ironisch brachte er dieses Problem in seinem „Wegweiser zur Bildung für deutsche Lehrer" auf den Punkt: *Mit Recht wünscht man dem Lehrer die Gesundheit und Kraft eines Germanen, den Scharfsinn eines Lessing, das Gemüt eines Hebbel, die Begeisterung eines Pestalozzi, die Wahrheit eines Tillich, die Beredsamkeit eines Salzmann, die Kenntnis eines Leibniz, die Weisheit eines Sokrates und die Liebe Jesu Christi.*[81]

Seither sind mehr als 150 Jahre vergangen. Wir befinden uns im 21. Jahrhundert. Und die Erwartungen an die Lehrerschaft haben sich um ein Vielfaches vermehrt. Für die heutige Gesellschaft soll er nicht nur ein Fachmann für Unterricht und Erziehung sein, sondern auch Sozialarbeiter, Lerndiagnostiker, Lernberater, Familienberater, Konfliktmoderator, Krisenhelfer, Medienpädagoge, Integrationshelfer und nicht zuletzt auch Entertainer. Wenn Schülerprobleme auftreten, erwartet man von ihm eine rasche Problemanalyse und Problemlösung.

Je mehr Erwartungen an den Lehrer gestellt werden, desto größer ist die Wahrscheinlichkeit, dass er einigen dieser Erwartungen nicht gerecht werden kann. Um im Sinne der gesellschaftlichen Erwartungsträger optimal handeln zu können, bräuchte er eine breite Palette von Zusatzqualifikationen. Diese im Rahmen der Lehrerausbildung in ausreichendem Maße zu vermitteln, ist quasi unmöglich. Hierzu bedürfte es eines komplexen Curriculums und einer doppelt so langen Ausbildungszeit. Und es wäre auch nicht im Rahmen der Lehrerfortbildung zu realisieren, da ansonsten zum Ärger der Erwartungsträger Lehrer regelmäßig Unterrichtsbefreiung erhalten müssten.

Ebenso Problem erzeugend wie die überzogenen Erwartungen sind die Widersprüchlichkeiten im Erwartungsgefüge. Hierzu zwei Beispiele:
Einerseits soll der Lehrer die Klasse straff führen, um die notwendige Disziplin herzustellen. Andererseits soll er eine empathische Beziehungsgestaltung praktizieren. Einerseits soll er dem raschen Lerntempo hochbegabter Schüler entsprechen. Andererseits soll er darauf achten, dass lernschwierige Schüler den Anschluss an den Lehr-Lern-Prozess nicht verlieren.

Die Widersprüchlichkeiten zwischen den Rollenerwartungen zu balancieren, fordert den Lehrern viel Energie ab. Leider mangelt es der Öffentlichkeit an Verständnis für diese Sisyphusarbeit.

4.5. Das falsche Bild von der Lehrerarbeitszeit

Die Fehlbewertung der Berufstätigkeit des Lehrers in der Öffentlichkeit entsteht dadurch, dass sie sich an der Anzahl der Unterrichtsstunden orientiert, die zudem kürzer als normale Arbeitsstunden und durch Pausen aufgelockert sind.

Rudolf Weiss

Der Alltag eines Lehrers wird von einer Vielzahl schulexterner Menschen falsch wahrgenommen. Es kursiert ein Vorstellungsbild, dem man die Legende „Was kann es Schöneres geben als das Lehrerleben" verleihen könnte. Im Zentrum des Bildinhaltes steht der freizeitorientierte Halbtagsjobber. Dieses Zerrbild entspricht nicht der Arbeitswirklichkeit.

Wenn ein Lehrer mittags oder am Nachmittag seine letzte Unterrichtsstunde gehalten hat, ist sein Arbeitsalltag noch nicht zu Ende. Zu seinem außerunterrichtlichen Arbeitspensum gehören nicht nur die Vor- und Nachbereitung des Unterrichts sowie das Erstellen und Korrigieren von Klassenarbeiten. Hinzu kommen häufig Telefon- und Onlineberatung, Organisations- und Verwaltungsaufgaben sowie Tätigkeiten im Rahmen der Schulentwicklung und des Schullebens.

Dass der Unterricht nur noch knapp die Hälfte der Lehrertätigkeiten umfasst, lässt sich aus Arbeitszeitstudien wie der folgenden des VBE Mecklenburg-Vorpommern ersehen:[82]

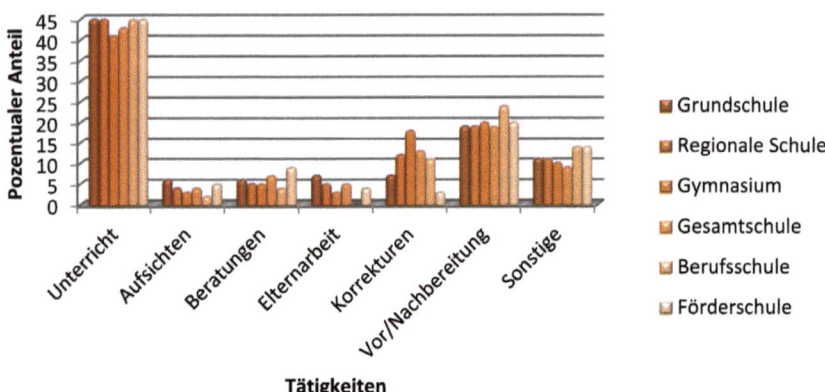

Lehrersein ist kein Halbtagsjob. Ein weiterer Blick in die Lehrer-Arbeitszeitstudien widerlegt dieses Zerrbild. Mittelt man die in verschiedenen Erhebungen erfassten Wochenarbeitszeiten, kommt man, die Ferienzeit eingerechnet, auf 42 – 46 Stunden. *Außerhalb der Ferien haben Lehrer nach eigenen Anga-*

ben eine 50-Stunden-Woche.[83] Es liegt klar auf der Hand, dass die durchschnittliche Arbeitszeit der Lehrer keinesfalls geringer ist als die der arbeitenden Durchschnittsbevölkerung.

4.6. Die Generalisierung von Problemfällen

Verallgemeinerungen sind Lügen.

Gerhard Hauptmann

Jeder Mensch, der einen Beruf ergreift, hat sicherlich eine Berufsehre. Darunter versteht man Vorstellungen von der Qualität, den Werten und den Pflichten beruflicher Arbeit.

Dass sie eine Berufsehre besitzt, muss der Lehrerschaft ohne Wenn und Aber zugestanden werden. Diesem kollektiven Ideal täglich perfekt zu entsprechen gelingt wahrscheinlich nur wenigen Berufstätigen. Berufliche Handlungsfehler sind vor dem Hintergrund unserer Unvollkommenheit menschlich. Nicht jeder Lehrer kann fortlaufend auf gleich hohem Level arbeiten. Seine Berufsbiografie enthält Höhen und Tiefen, Gelungenes und Misslungenes. Dies ist ein wesentliches Ergebnis einer empirischen Studie des Erziehungswissenschaftlers Ewald Terhart.[84] Den Verlauf ihres Berufslebens bezeichnen Lehrer so:

Mehrere Täler und/oder Gipfel	46%
Ausgeprägtes Tal	30%
Waagrechter Verlauf	10%
Ausgeprägter Gipfel	6%
Stetig fallend	6%
Stetig steigend	2%

Es wäre falsch, Konflikte die einzelne Lehrer erzeugen, mit natürlichen beruflichen Leistungsschwankungen zu erklären oder gar zu rechtfertigen. Es gibt auch in der Schule tatsächlich schwierige Personalfälle. Zum einen handelt es sich um Lehrer, die den Dienstnormen und den professionellen Qualitätsstandards nicht entsprechen. Sie fallen auf durch einen schlechten Unterricht, ein schwaches Disziplinmanagement, aggressives Kommunikationsverhalten oder eine negative Dienstauffassung. Darüber hinaus kommt es gelegentlich vor, dass Lehrer gegen Strafrechtsnormen verstoßen.

Für die Hypothese, dass die Problemmitarbeiter-Quote in Lehrerkollegien höher ist als in anderen Professionen gibt es keine empirischen Belege. Fatal ist jedoch, dass Extremfälle gnadenlos verallgemeinert werden, vor allem von den Medien. Die mit großer Publizitätsreichweite erzeugten Skandalisierungen sorgen für Empörung. Und durch gezielt gesetzte Schlagzeilen wird der Eindruck von einer besonders gestörten Profession erweckt.

4.7 Der Sekuritätsneid vieler Nichtlehrer

Neid und Eifersucht sind die Schamteile der menschlichen Seele.

Friedrich Nietzsche

Das Thema Neid findet sich in allen Weltreligionen. Neidisch zu sein ist aus moralisch-religiöser Sicht verwerflich. So wird im Katechismus der katholischen Kirche der Neid als eine der sieben Todsünden bezeichnet. In seinem berühmten Rundbild symbolisierte ihn Hieronymus Bosch mit den missgünstigen Blicken der Figuren. *Nicht einmal die Tiere sind von dieser Todsünde verschont. Ein Hund, dem ohnehin schon zwei Knochen vorliegen, giert nach einem dritten, ein weiterer Hund neidet seinem Artgenossen diese Beute.*[85]

Der Neid ist eine uralte negative Emotion. Sie ist eine Folge des Kampfes um knappe Ressourcen. In der Antike wurde sie mit Gift und Galle assoziiert. Am Gefühl des Neids sind die Nervenzellen des limbischen Systems intensiv beteiligt. In der Frühphase der psychischen Entwicklung eines Menschen tritt der Neid zuerst in Form des Geschwisterneids in Erscheinung.

Neid heißt, dem anderen etwas, das man selbst nicht hat, zu missgönnen. Die Neidreaktion resultiert immer aus einem sozialen Vergleich und einem Minderwertigkeitsgefühl. Neidobjekte können sowohl einzelne Personen als auch gesellschaftliche Gruppen sein.

Ein Ziel von Neid ist es, das zu bekommen, was der Beneidete schon hat. Dem Neid kann auch der Wunsch zugrunde liegen, dass dem Anderen die bisherigen Vorzüge nicht mehr gewährt werden.

Eine spezielle Ausprägung des Neids nenne ich Sekuritätsneid (von Sekurität = Sicherheit). Eine Gruppe, die ihn oft zu spüren bekommt, ist die Lehrerschaft. Primär wird sie um den Beamtenstatus beziehungsweise um die damit verbundene Sicherheit des Arbeitsplatzes beneidet. Neid erweckend sind auch das Quantum der Unterrichtsverpflichtung und die lange Ferienzeit.

Viele Nichtlehrer sind der Meinung, dass Lehrer diese Besserstellung nicht verdient haben. Aus ihrer Sicht besitzen Lehrer einen Privilegiertenstatus, der mit einer übermäßigen materiellen Sicherung verknüpft ist. Diese Ansicht wird auch immer mal wieder von der veröffentlichen Meinung mächtig unterstützt und bestätigt. Ein Exempel hierfür ist die folgende Passage aus dem SPIEGEL Special 3/2004:

Es ist das Bild einer privilegierten Berufsgruppe: Arbeitnehmer, die längst zu Hause bei der Familie sind, wenn andere noch im Büro sitzen oder an der Werkbank stehen. Die mehr als doppelt so viele Ferientage genießen wie normale Angestellte. Deren Arbeitsplätze krisensicher sind.[86]

Da der Neid ein verpöntes, sozial geächtetes Gefühl ist, zeigen die Menschen ihren Neid ungern offen. Ja, sie leugnen Neidgefühle, wenn diese ihnen zugeschrieben werden. Lieber lassen sie ihn an ihrer Seele nagen.

Ganz anders ist es beim Neid auf Lehrer. Da bekennen sich viele ungeschützt und schamlos zu ihrer Emotion. Offenbar sind sie sich sicher, diese mit der großen Mehrheit gemein zu haben. Deshalb äußert sich die Missgunst auch häufig in einer angriffslustigen Form. Dadurch werden Lehrer in eine schuldbewusste Verteidigungsposition gedrängt. Zum Neid auf Lehrer zählt übrigens auch die Schadenfreude. Sie entsteht immer dann, wenn Lehrern ein Missgeschick widerfährt.

In der Seele nicht weniger Lehrer-Neider bleibt es nicht bei den Neidgefühlen. Diese steigern sich dann eskalierend in Hass. Eine solch scharfe Antipathie bezeichnete Johann Wolfgang Goethe einst als *aktives Missvergnügen.*[87]

Darstellung des Neids in den Sieben Todsünden (Hieronymus Bosch)

4.8. Die Kompetenzanmaßung vieler Laien

Schule ist kein Ort, an dem jeder grenzenlos mitreden kann.

Johannes Bastian und Arno Combe

Wer den Lehrerberuf ergreifen möchte, hat einen längeren Ausbildungsweg vor sich. Zum einen muss er sich fachliches, methodisch-didaktisches und pädagogisch-psychologisches Wissen aneignen. Zum anderen lernt er sowohl in Studienpraktika als auch im Vorbereitungsdienst das Umsetzen dieses Wissens in die Unterrichtspraxis. Hat er die zweite Dienstprüfung erfolgreich absolviert, wird von ihm erwartet, dass er als lernender Lehrer sich persönlich und fachlich durch Lehrerfortbildung weiterentwickelt.

Wenn der Lehrer seine Berufsrolle innehat, darf er sich als Fachmann für Wissensvermittlung und Erziehung bezeichnen. Was er täglich professionell leisten muss, ist *eine höchst komplexe Form von Arbeit.*[88] Um die Qualität der Lehrerarbeit möglichst objektiv beurteilen zu können, bedarf es eines profunden Professionswissens und langer unterrichtlicher Erfahrung. Egal, ob jemand dies als Schulevaluator, Seminardozent oder Schulaufsichtsperson tut, er benötigt viel Expertise.

Weil alle Erwachsenen in ihrer Kindheit und Jugendzeit die Schule besucht haben, fühlen sich viele für den kritischen Blick auf die Lehrerarbeit geeignet. Dass sie kritisch mitdenken und der Schule konstruktive Rückmeldung geben, ist im Sinne der schulischen Qualitätsentwicklung erwünscht. Vorauszusetzen ist dabei, dass sie mitteilen, was sie wahrgenommen haben – ohne Anspruch auf eine objektive Wahrheit.

Die Grenze der konstruktiven Rückmeldekultur wird immer dann überschritten, wenn Eltern, Journalisten oder Politiker sich hochmütig über die Lehrerqualität äußern. Dies kommt leider allzu oft vor. Und zwar in einer Art und Weise, die man als Anmaßung professioneller Beurteilungskompetenz bezeichnen kann. Ein Paradebeispiel hierfür ist folgender Satz in Lotte Kühns „Lehrerhasserbuch": *Deshalb ist jeder Mensch, der jemals eine Schule besucht hat, ein Experte auf dem Gebiet der Lehrerbeurteilung.*[89]

Wer so jedermann zum Experten von Unterrichtsqualität macht, missachtet die Erkenntnisse der Unterrichtsforschung sowie die Standards und Verfahren der Unterrichtsevaluation. Gleichzeitig verweigert er sich der Unterscheidung von Fachmann und Laie. In Bezug auf Schule haben Laien zwar Schulerfahrungen, aber meist keine fundierten Fachkenntnisse.

Im Sammelband „Über die Verachtung der Pädagogik" spricht die Hamburger Gymnasiallehrerin Martina Dege aus, wie sich die Kompetenzanmaßungen seelisch auswirken: *Von Schule und Schulfächern scheint jeder mehr zu verstehen als die Fachleute, schließlich war jeder einmal in der Schule. Diese Missachtung unserer Professionalität kränkt.*[90]

4.9. Die mediale Verzerrung des Lehrerbildes

Not tut auch eine deutlich andere Darstellung des Lehrerberufs in der Öffentlichkeit. Lehrerinnen und Lehrer wollen nicht mehr länger am Pranger der Nation stehen, denn dort gehören sie nicht hin.

Wortmeldung des Kollegiums der Nachbarschaftsschule Leipzig

Über schulische Themen wird in den Massenmedien unserer Informations- und Kommunikationsgesellschaft täglich berichtet. Besonders häufig geschieht dies in den Printmedien Zeitung und Zeitschrift sowie in deren Internetversionen. Obwohl es immer wieder Berichte über die Erfolge schulpädagogischer Arbeit gibt, geraten nicht nur problematische Einzelfälle, sondern auch die Lehrerschaft als Professionsgruppe häufig ins mediale Schussfeld. Dagegen ist zunächst nichts einzuwenden, denn die Presse hat einen rechtlichen Auftrag. Dieser besteht darin, Missstände aufzudecken, kritische Fragen zu stellen und Kritik zu üben. So weit, so gut.
Beim genaueren Blick auf die schuljournalistische Tätigkeit fällt jedoch eine starke Tendenz zur negativen Berichterstattung auf. Die Kritik- und Kontrollfunktion wird sehr streng wahrgenommen. Man kann sich des Eindrucks nicht erwehren, dass im Bewusstsein vieler Journalisten ein schablonisiertes, von Stereotypen dominiertes Vorstellungsbild existiert.

Die Hypothese von der lehreraversiven Berichterstattung konnte die Erziehungswissenschaftlerin Sigrid Blömeke in einer inhaltsanalytischen Studie nachweisen. Gegenstand ihrer Forschungsarbeit waren Artikel in den beiden führenden deutschen Nachrichtenmagazinen, die sich auf Lehrer und den Lehrerberuf bezogen. Ihre zentrale empirische Erkenntnis war: *SPIEGEL und FOCUS zeichnen ein negatives Lehrerbild und spielen mit existierenden Vorurteilen. Damit diskreditieren sie einen ganzen Berufsstand.*[91]

Die Autorin dieser Studie vermutet, dass dem Zerrbild auch Ursachen in der Person der Journalisten zugrunde liegen. Im Klartext heißt dies: Negative Erfahrungen mit Lehrern machen deren kritische Augen übermäßig scharf. Ein Phänomen, das auch Lupeneffekt genannt wird. Zusätzlich wird dadurch die Feder des Schreibers besonders spitz gefeilt.

Wenn in den Medien über Lehrer negativ berichtet wird, werden nicht nur Informationen vermittelt, sondern auch negative Emotionen ausgelöst. Letztere bewirken, dass sich im Leser eine seelische Anti-Haltung gegen Lehrer bildet. Besitzt er diese bereits, wird sie durch den gerade gelesenen Bericht verstärkt. Fakt ist auch, dass viele Leser ihre schlechten Meinungen nicht bei sich behalten, sondern in ihren Bezugsgruppen weitertransportieren. Besonders effektiv gelingt dies Lehrer hassenden Meinungsführern.

4.10. Der mangelnde seelische Schutz durch den Dienstherrn

Statt die Notlage anzuerkennen und Hilfestellung zu leisten, erfolgt oft noch eine ausgesprochene Missachtung durch die politischen Kräfte ... quer durch alle Parteien. Genau diese Personen im Regierungsamt sind meist – wenn auch häufig wechselnd – die Vorgesetzten der Lehrkräfte. Als solche können sie ihre Beschäftigten fordern, müssen aber auch ihrer Fürsorgepflicht nachkommen.

Helmut Schaaf

Oberster Dienstherr der Lehrer ist das Bundesland, vertreten durch den Kultusminister. Nach Artikel 33 des Grundgesetzes hat der Dienstherr gegenüber seinen Lehrern eine Schutz- und Fürsorgepflicht. Diese ist das Pendant zur Dienst- und Treuepflicht des Lehrers. Im Rahmen des Dienst- und

Treueverhältnisses muss der Dienstherr für das materielle und seelische Wohl der Lehrer sorgen.

Kaum zu bestreiten ist, dass die Erfüllung der materiellen Schutz- und Fürsorgepflicht funktioniert und ernst genommen wird. Was zu wünschen übrig lässt, ist der konsequente seelische Schutz. So ist immer wieder zu beobachten, dass sich Dienstherren nicht entschieden genug hinter die Lehrerschaft stellen, wenn diese in den Medien pauschal attackiert werden. Die Reaktionen erfolgen oft verhalten, möglicherweise weil sich Politiker vor allem als Interessenvertreter ihrer Wähler fühlen.

Eindeutig verletzt wird die seelische Schutzpflicht, wenn ein Dienstherr selbst in den Chor der Lehrerschelte einstimmt und sich über Lehrer herabsetzend und abwertend äußert. Damit trifft er eine der verwundbarsten Stellen der Mitarbeiterpsyche. Dieses Handeln ist arbeitspsychologisch betrachtet ein Top- Demotivator.

Wenn der seelische Schutzschild des Dienstherrn nur halbherzig aufgespannt wird oder gar ganz fehlt, leiden darunter das Selbstsicherheits- und Selbstwertgefühl der Bediensteten. Man stelle sich vor, der Vorstandsvorsitzende eines Konzerns würde sich so gegenüber seiner Belegschaft verhalten. Er würde binnen kurzer Zeit seine Führungsposition verlieren.

Die eigenen Mitarbeiter öffentlich abzuwatschen ist ein unverzeihlicher Führungsfehler. Er zeugt von kommunikativer Ignoranz. Außerdem lässt sich daraus schließen, dass es der Führungskraft an einem auf Respekt und Achtung basierenden Menschenbild mangelt.

4.11. Die Defizite in der Lehrerauswahl und Lehrerbildung

Auffällig ist allerdings, dass sich die deutschen Lehrkräfte im internationalen Vergleich als besonders schlecht ausgebildet fühlen.

Sigrid Blömeke

Die Ansprüche an die Lehrerprofessionalität sind hoch. Professionalität ist allerdings kein Produkt, das auf Knopfdruck entsteht, schon gar nicht in einem Humanberuf. Sie ist das Ergebnis eines komplizierten und durchaus störanfälligen Prozesses der Kompetenzentwicklung. Betrachtet man ihn kritisch, so wie er momentan startet und verläuft, sind deutliche Defizite erkennbar. Diese sind für die einzelne Lehrperson, für die Schule als pädagogische Handlungseinheit und für das Schulsystem nachteilig. Denn Qualifikationsmängel erhöhen die Wahrscheinlichkeit beruflicher Handlungsfehler. Und diese wiederum geben Anlass zur Lehrerschelte.

Die Crux am Professionalitätsproblem beginnt mit der Studienwahl. Obwohl es inzwischen Angebote zur Selbsterkundung und Orientierungspraktika gibt, fehlt ein fundiertes eignungsdiagnostisches Zulassungsverfahren. Eine falsche Studienwahl kann zwar noch in der ersten und zweiten Ausbildungsphase korrigiert werden, aber die Wahrscheinlichkeit, dass letztlich ungeeignete Personen die zweite Dienstprüfung bestehen, wird nicht wirksam verringert.
Immer noch mit Mängeln behaftet ist die Lehrerausbildung. Stark in der Kritik steht das unverbundene Nebeneinander von Fachwissenschaft, Fachdidaktik und der Erziehungswissenschaft. Durch die mangelnde Integration der Studieninhalte werden viele Ressourcen verschleudert. Als Nachteil erscheint auch die Ausbildungsstruktur. Während die Lehrerausbildung in vielen Ländern einphasig beziehungsweise dual organisiert ist, verläuft sie bei uns weiterhin zweiphasig. Dies erschwert die frühzeitige Verschränkung von Theorie und Praxis. Wie Wissen in Können umgesetzt wird, wird auf später verschoben. Wenn es dann endlich gebraucht wird, ist es zum Großteil dem Vergessen anheim gefallen.

Ebenso defizitär ist die Vermittlung pädagogisch-psychologischer Kompetenzen – sowohl in der ersten wie auch in der zweiten Phase. Vermisst wird eine Grundausbildung in Lernförderung, Gesprächsführung, Sozialerziehung und Klassenführung.

Die Unzulänglichkeiten setzen sich in der dritten Phase der Lehrerbildung fort. In der Kritik der Lehrerforschung steht die *gängige Fortbildungspraxis ... mit kurzen, inhaltlich wenig verbundenen und isolierten Veranstaltungsangeboten*[92]. Außerdem mangelt es an einem intensiven Berufseinstiegsprogramm und einem flächendeckenden Unterstützungssystem für Lehrer in beruflichen Problemsituationen.

4.12. Die defensive Öffentlichkeitsarbeit der Lehrer

Wer in die Öffentlichkeit tritt, hat keine Nachsicht zu erwarten oder zu fordern.

Marie von Ebner-Eschenbach

Die Lehrerverbände und Lehrergewerkschaften betreiben wie andere Organisationen Öffentlichkeitsarbeit. Mit dem Begriff Öffentlichkeitsarbeit bezeichnet man planvolle kommunikative Maßnahmen. Ihr Ziel ist es, in der breiten Öffentlichkeit und bei den politischen Entscheidungsträgern Verständnis und Vertrauen für die berufliche Tätigkeit der Lehrer zu gewinnen. Damit ist die Hoffnung verbunden, ein lehrerfreundliches Meinungsklima zu schaffen und Vorurteile über Lehrer zu zerstreuen.

Den Lehrerorganisationen ist es bisher nicht gelungen, die anvisierten Ziele der Öffentlichkeitsarbeit zu erreichen und den Lehrerklischees erfolgreich entgegenzuwirken. Die Lehrerforschung sieht eine Hauptursache hierfür im *defensiven Habitus* der Lehrerschaft.[93] Dieser widerspiegelt sich auch in der rechtfertigenden Art und Weise, von der die Kommunikation mit der Öffentlichkeit geprägt ist.

Allzu häufig sind Verlautbarungen und Erklärungen der Lehrerorganisationen darauf ausgerichtet, sich gegen Lehrerklischees zur Wehr zu setzen. In den letzten zehn Jahren waren sie allzu sehr darauf ausgerichtet, auf die Ergebnisse der Lehrerbelastungsstudien und auf den schwierigen, die Lehrergesundheit gefährdenden Arbeitskontext hinzuweisen.

Dieses Werben um mehr Verständnis und Empathie ist zwar legitim und nachfühlbar, aber nicht zielführend. Dies ist das Ergebnis einer empirischen Studie, die sich mit der Beanspruchung im Lehrerberuf als Gegenstand medialer Berichterstattung und den Konsequenzen für das öffentliche Lehrerbild befasst hat. Der Autor, David Schmidt, kam zum Schluss, *dass eine mediale Aufarbeitung der Lehrerbelastung dem Lehrerbild in keinem Fall dienlich ist.*[94]

Aus den Ergebnissen der Lehrerbelastungsforschung haben die medialen Transporteure ein neues Klischee konstruiert, das die Meinungsbildung über Lehrer stark beeinflusst. Es ist die bemitleidenswerte und überforderte Lehrperson, die um Erbarmen bittet.

Marianne Demmer, stellvertretende Vorsitzende der Gewerkschaft Erziehung und Wissenschaft, hat diesen Klischeewandel richtig erkannt und in drastischer Form beschrieben: *Als bedauernswertes armes Schwein zu gelten, ist für das Ansehen der Lehrerinnen und Lehrer mindestens genauso schädlich wie als fauler Sack.*[95]

5. Auswirkungen der Lehrerschelte

Hier ist es natürlich wenig hilfreich, wenn die Lehrer ... permanenter Pauschalkritik und Diffamierung ausgesetzt sind. So werden auch noch die letzten Reste eines positiven beruflichen Selbstbildes zerstört.

Uwe Schaarschmidt

Die Angriffe auf das Ansehen der Lehrer rufen seelische Folgewirkungen hervor. Als erstes wird die individuelle Psyche in Mitleidenschaft gezogen. Wenn der eigene Berufsstand verunglimpft wird, geht dies selbst an robusten Lehrern nicht spurlos vorbei. Viele überkommt das Gefühl der Geringschätzung, ja sogar des Verachtet-Werdens. In dieser emotional belastenden Lage entstehen Minderwertigkeitsgefühle und Selbstzweifel, die in Selbstverachtung umschlagen können. Demjenigen der diesem Endzustand anheimgefallen ist, fällt es zunehmend schwerer, andere zu achten.

Manchen Lehrern mag es gelingen, die Irritation zu bewältigen oder erst gar nicht zur Entfaltung kommen zu lassen. Nach meinen Beobachtungen besitzen sie ein starkes Maß jener Unerschütterlichkeit und Gelassenheit, die in der Fachsprache der stoischen Philosophie Ataraxia heißt. Möglicherweise schützen sie ihren Selbstwert auch dadurch, dass sie ihren Blick auf die täglichen Erfolge der Erziehungs- und Unterrichtsarbeit und die positiven Schüler- und Elternfeedbacks zentrieren.

Dennoch gibt es eine nicht geringe Teilgruppe, die die Lehrerschelte als belastend erlebt. Sie leidet sichtbar und kollektiv am negativen Fremdbild. Dieses Leiden wird zwar durch das Miteinander-Teilen etwas erträglicher, aber nicht überwunden. Seine Symptomatik ist beispielsweise daran zu erkennen, dass es diesen Lehrern schwerfällt, ihre berufliche Identität in der Öffentlichkeit preiszugeben.[96]

Das Wertschätzungsdefizit beeinträchtigt in Kombination mit anderen Stressfaktoren die Arbeitszufriedenheit. Darauf weisen die Ergebnisse der Lehrerbelastungsforschung eindeutig hin.[97]

Wenn die Arbeitszufriedenheit, definiert als die positive Einstellung einer Person zur täglichen Arbeit, schwindet, hat dies Folgen für die Arbeitsmotivation und die Arbeitsergebnisse. Unzufriedene Arbeitnehmer drosseln ihr Engagement und kündigen schließlich innerlich. Man kann davon ausgehen, dass es einem Drittel der Lehrerschaft nicht gelingt, aus der Lehrerarbeit das notwendige Maß an Arbeitszufriedenheit zu gewinnen.[98]

Wenn eine Profession Ansehensprobleme hat, leiden darunter auch die täglichen Arbeitsbeziehungen. Im Falle der Lehrerprofession sind dies die Lehrer-Schüler- sowie die Lehrer-Eltern-Beziehung. Die Klischees, die im Hinterkopf dieser wichtigsten schulischen Bezugspersonen des Lehrers haften, erschweren eine unvoreingenommene Kommunikation. Sie mindern den Vorschuss an Respekt und Autorität, den eine Profession benötigt, um erfolgreich sein zu können.

Das negative Lehrerbild der Öffentlichkeit ist nicht nur eine berufliche Belastungsquelle, sondern sie färbt auch nachteilig ab auf das Studienwahlverhalten der Studieninteressenten und auf die berufliche Identitätsentwicklung der Lehramtsstudierenden. Mancher Abiturient, der sich für den Lehrerberuf geeignet fühlt und ihn gerne ergreifen würde, entscheidet sich wegen der mangelnden Wertschätzung nicht für ein Lehrerstudium.[99] Und mancher angehende Lehrer kann sich möglicherweise nicht intensiv genug mit der Berufsrolle identifizieren, in die er hineinwachsen muss. Fehlt ihm die feste Identitätsbasis, kann darauf kein professionelles Selbstbewusstsein entstehen.

6. Konsequenzen in Schule und Gesellschaft

Unter den bestehenden Verhältnissen erfahren Lehrer, vor allem in Deutschland, wenig Anerkennung, ihr Selbstwertgefühl ist vielerlei Kränkungen ausgesetzt. Die Erziehungswissenschaft und die Öffentlichkeit sollten fragen, was sich während der Schulzeit, der Lehrerausbildung, der Berufspraxis in der Schule und in der Bildungspolitik ändern müsste, damit hier Besserung eintritt.

Gerd Vinnai

Die Lehrerschelte tut der Lehrerpsyche nicht gut. Sie beeinträchtigt den Erfolg der Lehrerarbeit. Und sie erschwert unnötigerweise die ohnehin schwierige Arbeitssituation. Deshalb bedarf die Beziehung zwischen der Lehrerschaft und der Öffentlichkeit dringend einer spürbaren Änderung. Welche Wege zu diesem Ziel vordringlich beschritten werden müssen, ist Inhalt dieses Kapitels.

6.1. Wertschätzung für die Lehrer

Es ist einer der größten Fehler dieser Gesellschaft gewesen, Lehrerinnen und Lehrern nicht genügend Wertschätzung und Respekt entgegenzubringen.

Doris Ahnen

Wertschätzung zu erfahren ist ein menschliches Grundbedürfnis. Dies gehört zu den wesentlichen Erkenntnissen der Humanistischen Psychologie, zu deren Hauptvertretern der Motivationspsychologe Abraham Maslow[100] und der

Gesprächspsychotherapeut Carl Rogers[101] gehören. Einen Menschen wertschätzen heißt aus ihrer Sicht, ihn bedingungslos zu achten und das zu würdigen, was gut an ihm ist.

Damit Lehrer ihre unterrichtliche und pädagogische Arbeit gut und gerne leisten können, brauchen sie viel seelische Kraft. Besonders genährt wird sie durch Wertschätzung. Dieses seelische Nahrungsmittel muss von außen zufließen – von Schülern, Eltern, Kollegen, Vorgesetzten und der Öffentlichkeit.

Lehrer wollen das Gefühl vermittelt bekommen, dass sie als Person respektiert werden und ihre Arbeit als wertvoll wahrgenommen wird. Nur dann, wenn diese Kraftquelle funktioniert, sind sie in der Lage, seelische Schwerarbeit zu leisten. Die Lehrerarbeit so zu bezeichnen, ist angesichts der psychosozialen Erosionen in Schule und Gesellschaft mehr als berechtigt.

In der außerschulischen Öffentlichkeit tragen Politiker und Journalisten eine besondere Verantwortung für die Reputation der Lehrerschaft. Denn niemand ist im öffentlichen Raum einflussmächtiger. Was diese Akteure vermeiden sollten, ist eine mit Geringschätzung verbundene pauschale Lehrerschelte. Beim Blick auf die Schule sollten sie stärker das fokussieren und würdigen, was in der Lehrerarbeit gut gelingt. Unbestritten bleibt dabei, dass sie das Recht, ja sogar die Pflicht haben, Kritik fair zu üben, wo Missstände den Bildungsprozess beeinträchtigen.

Mehr innerschulische und öffentliche Wertschätzung ist ein bedeutsamer Faktor der Arbeitsmotivation und des Arbeitserfolgs unserer Lehrer. Dort, wo er ernst genommen und gefördert wird, zeigen Schüler bessere Leistungen. Diese Erkenntnis wird deutlich sichtbar am Beispiel des PISA-Siegerlandes Finnland, wo Lehrer ein hohes Ansehen genießen. Davon zeugen die wertschätzenden Worten der finnischen Kultusministerin Hella Virkkunnen: *Wir in Finnland glauben, dass Lehrer ein Schlüssel zur Zukunft sind und dass der Lehrerberuf ein sehr wichtiger Beruf ist. Deshalb möchten alle begabten jungen Leute Lehrer werden.*[102]

6.2. Realistische Erwartungen an die Lehrer

Alle Wirklichkeit, wissen wir, bleibt hinter dem Ideale zurück; alles Existierende hat seine Schranken.

Friedrich Schiller

Die Erwartungen an die Lehrerarbeit sind zu idealistisch. Sie überschätzen die Kompetenzen der Lehrer, erzeugen Überforderung und stehen in keinem gesunden Verhältnis zur Lehrergesundheit.

Der Realitätssinn der Erwartungsträger bedarf dringend einer Schärfung. Zuallererst müssen sie zur Einsicht kommen, dass der Unterricht die primäre Aufgabe des Lehrers ist. Gleichzeitig darf vom Lehrer erwartet werden, dass er im Rahmen seiner Möglichkeiten die psychische Entwicklung der Schüler durch Beziehung und Erziehung fördert. Für diesen zweiten Bereich trägt er jedoch nicht die Hauptverantwortung. Die obliegt weiterhin der Familie, selbst wenn die vom Kind besuchte Schule eine Ganztagsschule ist. In dieser Primärgruppe verbringt der Schüler den Hauptteil seiner Entwicklungszeit. Lehrer sind keine Ersatzeltern. Sind die Eltern erziehungsunfähig und ist das Kindeswohl gefährdet, steht der Staat in der Pflicht. Der Allgemeine Soziale Dienst muss dann die notwendigen Hilfen organisieren, begleiten und in Form eines Hilfeplanes koordinieren.

Dem Lehrer darf auf keinen Fall die primäre Rolle des Sozialpädagogen zugemutet werden. Für die Erfüllung sozialpädagogischer und soziarbeiterischer Aufgaben braucht die einzelne Schule spezielle Fachkräfte, die ein entsprechendes Hochschulstudium absolviert haben und ausgebildet sind für die Durchführung psychosozialer Interventionen.

In den Standards für die Lehrerbildung, die am 16.12.2004 von der Kultusministerkonferenz beschlossen wurden, steht schwarz auf weiß, was Lehrer sind und tun: *Lehrerinnen und Lehrer sind Fachleute für das Lehren und Lernen. Ihre Kernaufgabe ist die gezielte und nach wissenschaftlichen Er-*

kenntnissen gestaltete Planung, Organisation und Reflexion von Lehr- und Lernprozessen sowie ihre individuelle Bewertung und systemische Evaluation. Die berufliche Qualität von Lehrkräften entscheidet sich an der Qualität ihres Unterrichts.[103]

Besonders propagiert wurde die Vision vom multipotenten Lehrer durch den Erziehungsexperten Peter Struck in seinem realitätsfernen Konzept von der sozialpädagogischen Schule. Hier zwei seiner Postulate:

a) Der Lehrer *sollte bereit und fähig sein, den Schüler jederzeit, auch zu 'Unzeiten' wie abends, nachts, an Wochenenden und in Ferien, anzuhören, mit ihm zu kommunizieren und zu interagieren ...*[104]

b) Die Schule muss *einspringen für die Ausfälle an Lebenserfahrung, an Geborgenheit, an Emotionalität, an Kommunikation und an vorgegebenen Orientierungsnormen, die die gesellschaftliche Veränderung mit sich gebracht hat.*[105]

Eine solche Aufgabenexpansion ist nicht zu verantworten. Lehrer sind hierfür weder ausgebildet, noch verfügen sie über das nötige Kräftepotenzial. Was von der Schule realistisch erwartet werden kann, ist primäre Prävention. Das heißt, dass alle Lehrer die Individualität der Schülerinnen und Schüler sorgsam in den Blick nehmen und sich trotz der ersten Fürsorgepflicht der Eltern für die Entwicklung der Schülerinnen und Schüler mitverantwortlich fühlen. Denn nur so können Entwicklungsprobleme frühzeitig erkannt und durch Erste Hilfe sowie durch richtige Weiterverweisung wirksam bewältigt werden. Letzteres ist nur möglich, wenn sich jede Schule mit dem Schulpsychologischen Dienst und dem externen psychosozialen Stützsystem (Kliniken, Ambulanzen, Erziehungsberatungsstellen, Praxen) gut vernetzt. Eine rechtzeitige Konsultation von Fachleuten ermöglicht eine gründliche Ursachenanalyse, eröffnet Lösungswege und verhindert, dass das Problem chronisch wird.

Mehr Realistik sollten auch diejenigen praktizieren, die visionäre Lehrerleitbilder kreieren. Sie sind zwar ein wichtiges Hilfsmittel der Professionsentwicklung, bergen aber die Gefahr der Überforderung. Vor allem dann, wenn sie von einem Kompetenzgefasel bestimmt sind, das jegliche empirische Fundierung vermissen lässt. Wer sie entwirft, sollte entwicklungspsychologische Tatsachen und die sich daraus ergebenden Grenzen der pädagogischen Arbeit genau beachten. Ansonsten trifft das Zitat des Managementdenkers Reinhard Sprenger zu: *Visionen sind die Zwangsjacken von morgen.*[106]

6.3. Seelischer Schutz durch den Dienstherrn

Täusche nie den Niederen, der dich um Schutz und Arbeit bittet!

Adolph Freiherr von Knigge

Die Schutz- und Fürsorgepflicht impliziert, dass der Dienstherr die Lehrerschaft vor ungerechtfertigten öffentlichen Angriffen zu schützen. Seelisch schmerzlich ist es, wenn Politiker sich durch diffamierende, populistische Lehrerschelte zu profilieren versuchen. Und ebenso schmerzt es, wenn Journalisten, disziplinarische Einzelfälle zum Anlass nehmen, um die Lehrerschaft generalisierend in den Schmutz zu ziehen.

Wenn die Grenze der fairen Kritik überschritten und die Integrität der Lehrerschaft verletzt wird, besteht akuter Handlungsbedarf. In solchen Schadensfällen hat der Dienstherr für seelischen Schutz zu sorgen. Er darf nicht tatenlos zusehen, sondern er muss zeitnah und unmissverständlich reagieren. Es geht um den Ruf und das seelische Wohl einer Berufsgruppe im öffentlichen Dienst. Sie hat ein Sicherheitsbedürfnis und ein Recht auf Rückendeckung.

Eine öffentliche Stellungnahme, deren Ziel der seelische Schutz ist, erfüllt ihre Funktion nur, wenn sie offensiv vorgetragen wird. Was grenzüberschreitend ist, muss auch so benannt werden. Wenn die Lehrerschaft verunglimpft wird, darf dies nicht mit dem Begriff „Kritik" versehen werden, sondern es ist eine Verunglimpfung. Der Sender soll spüren, was seine Botschaft bewirkt hat. Gleichzeitig wird eine Verlautbarung erwartet, aus der das Vertrauen des Dienstherrn in die Qualität der Lehrerarbeit sowie eine angemessene Würdigung des Lehrer-Engagements hervorgehen.

Das Schlimmste, was jeder Lehrer-Dienstherr unbedingt vermeiden sollte, ist, sich selbst am Lehrer-Bashing zu beteiligen. Wenn er dies tut, entsteht in der zweitgrößten akademischen Professionsgruppe ein kollektiver seelischer Schaden, der kaum mehr wiedergutzumachen ist. Dann wird er nicht mehr als Schutzherr, sondern als Lehrerfeind wahrgenommen.

6.4. Professionelles Schulkonfliktmanagement

Konflikte erzeugen einen Lösungsdruck: Man kann sie nicht einfach auf sich beruhen lassen, sondern muss sie bewältigen.

Karl Berkel

Täglich ereignen sich auf den verschiedenen schulischen Beziehungsebenen in unterschiedlichen Erscheinungsformen und Ausprägungen Konflikte. Angefangen von Disziplinkonflikten im Unterricht über Lehrer-Eltern-Konflikte bis hin zu Personalkonflikten. Nicht wenige Konflikte eskalieren so stark, dass sie öffentlich werden und das Ansehen der Schule und der Lehrer beschädigen. Man nennt diese Konflikte wegen der hohen Konflikttemperatur auch heiße Konflikte.

Die Ursache vieler Eskalationen im „Vulkangebiet Schule"[107] liegt auch in einem Mangel an professionellem Schulkonfliktmanagement. Sowohl Lehrer als auch Schulleiter werden diesbezüglich nur unzureichend aus- und fortgebildet. Jeder, der im Klassenzimmer und im Gesamtfeld der Schule verantwortlich agiert, braucht eine professionelle Konfliktkompetenz. Darunter versteht man

- ein fundiertes konfliktpsychologisches Grundwissen, um Konflikte verstehen zu können

- die Fähigkeit zur Konfliktdiagnose, um die Ursachen von Konflikten genau zu ermitteln

- ein Repertoire an Interventionen, um Konflikte adäquat zu lösen.

Ebenso gehören zum professionellen Konfliktmanagement die primäre und die sekundäre Prävention. Von primärer Konfliktprävention kann gesprochen werden, wenn man die Einflussgrößen und Rahmenbedingungen von immer wiederkehrenden Konflikten erkennt und zu verändern beginnt. Ein Klassenlehrer berichtete mir, dass er eine Zeitlang in seiner Klasse intensiv Konfliktmoderation praktiziert hatte. Mit diesem Modell konnten Streitigkeiten aktuell geschlichtet werden. Dennoch traten sie immer wieder auf. Allmählich wurde ihm bewusst, dass der Streit großenteils durch fehlende soziale Fertigkeiten ausgelöst wurde. Ausgehend von dieser Erkenntnis führte er mit seiner Klasse immer mal wieder unterrichtsintegrierte soziale Lernübungen durch.[108] Innerhalb eines Schuljahres kam es zu einer deutlichen Reduktion der Konfliktfälle. Und zwar deshalb, weil die Schülerinnen und Schüler es gelernt hatten, einfühlsamer und achtsamer miteinander umzugehen.

Sekundäre Konfliktprävention ist Früherkennung und Frühbehandlung von Konflikten. Im Vulkangebiet von Schule bedeutet dies, dass man

- seismographisch sensibel auf Konfliktsignale achtet

- Probleme nicht bagatellisiert, sondern anspricht

- Bedürfnisse und Wünsche offen ausspricht

- sich konstruktiv um eine Klärung und Lösung bemüht.

6.5. Unterstützung von Lehrern in Problemsituationen

Die Kompetenz, schwierige berufliche Beziehungskonstellationen mit Vorgesetzten, Kolleginnen und Kollegen, Schülern und Eltern günstig beeinflussen zu können, ist zentral für den Erhalt der Gesundheit von Lehrkräften.

Thomas Unterbrink

Lehrer können genauso wie Angehörige anderer Professionen in berufliche Problemsituationen geraten. Wenn keine Unterstützung vorhanden ist, entwickelt sich daraus über kurz oder lang eine folgenschwere Überlastung. Typisches Beispiel sind Lehrer, die disziplinschwierige Klassen nicht mehr führen können, die Lehrziele eines Schuljahres nicht mehr erreichen und dadurch Elternbeschwerden hervorrufen.

Für Lehrer in beruflichen Problemsituationen gibt es inzwischen das Angebot der Lehrersupervision. Es ist eine besondere Form berufspraktischer Unterstützung unter Leitung eines Supervisors. Ihre Hauptziele sind die Herausarbeitung eigener Problemanteile, die Konstruktion von Problemlösungen und die Erweiterung des Handlungsrepertoires. Obwohl das systeminterne Angebot in den letzten beiden Jahrzehnten quantitativ gewachsen ist, kann noch nicht von einer optimalen flächendeckenden Versorgung gesprochen werden.

Ungelöst ist weiterhin ein besonderes Problem der Lehrersupervision. Es besteht darin, dass Lehrer, die eine Supervision besonders nötig hätten, starke Schwellenängste aufweisen und sich vor einer Teilnahme oft scheuen. Hier müsste über wirksame Motivierungsmöglichkeiten dringend nachgedacht werden. Ansonsten vergrößert Supervision die Leistungsschere. Zu wünschen übrig lässt auch die Diversität des Angebots. Es sollte stärker differenziert werden nach Merkmalen wie Schulart, Dienstalter und Problemarten. Dringend auszubauen ist die spezielle supervisorische Unterstützung von Junglehrern nach dem Referendariat. Sie verfügen noch nicht über eine sichere Handlungskompetenz und sind anfällig für berufliche Fehlentwicklungen.

Ein modernes System der Lehrerunterstützung sollte immer in Ergänzung zur Supervision eine zweite Säule in Form des Lehrercoaching enthalten. Dieses Angebot ist in Deutschland momentan gering. Lehrer können sich zwar als Ratsuchende an Schulpsychologen und Psychologische Schulberater wenden, wo ihnen durchaus weitergeholfen werden kann. Was aber systemintern weitgehend fehlt, sind Lehrercoaches. Ihr Job würde sich so beschreiben lassen:

Lehrercoaches verfügen über eine längere Erziehungs- und Unterrichtserfahrung. Sie haben eine Coaching-Ausbildung absolviert. Konsultiert werden sie bei methodisch-didaktischen Defiziten und unterrichtlichen Führungsproblemen. Genauso wie Beratungslehrer erhalten sie für ihre Tätigkeit Deputatsnachlass. Auf der Grundlage von Unterrichtsbeobachtungen und Diagnosegesprächen erarbeiten sie mit dem Coachee Änderungsziele und Änderungswege. Während des Umsetzungs- und Änderungsprozesses begleiten sie den Rat suchenden Lehrer. Um Missverständnissen vorzubeugen, ihre Tätigkeit ist keine Therapie. Dem Lehrercoaching liegt folgende Philosophie zugrunde:

- Der Coach hilft dem Coachee, das Problem zu beschreiben, zu analysieren und zu lösen.

- Der Coach begleitet den Coachee, bis dieser sich selbst helfen kann.

- Der Coachee ist der Problembesitzer und behält die volle Verantwortung für sein Problem.

- Der Coach ist verantwortlich für die professionelle Gestaltung des Beratungsprozesses.

Ein Coaching-Angebot für Lehrer bedarf einer raschen Realisierung. Es würde viel Lehrerleid und unterrichtliche Qualitätsverluste reduzieren helfen.

6.6. Achtsame Lehrer-Schüler-Kommunikation

Das Geheimnis der Erziehung liegt in der Achtung vor dem Schüler.

Ralph Waldo Emerson

Schüler verbringen durchschnittlich circa 18000 Stunden in der Schule. Dort sind die Lehrer ihre wichtigsten Bezugspersonen. Die Lehrer-Schüler-Beziehung hat wie die meisten Kinder-Erwachsenen-Beziehungen eine asymmetrische Struktur. Während der Lehrer explizit das Recht hat, ihnen Aufträge und Weisungen zu erteilen oder sie für ein Fehlverhalten zu sanktionieren, sind den Heranwachsenden diese Möglichkeiten nicht gegeben. Andererseits ist diese „schiefe" Beziehung kein Willkürverhältnis. Die Schüler haben nämlich ein Anrecht darauf, dass der Lehrer ihre Würde als Mensch achtet und sie körperlich und seelisch nicht verletzt. Eine achtsame Lehrer-Schüler-Kommunikation ist die Grundvoraussetzung dafür, dass die Schüler sich in der Schule wohlfühlen und mit einem positiven Lehrerbild die Schule verlassen. Dieses bestimmt maßgeblich die Kommunikation über Schule im Erwachsenenleben. Wer von seinen Lehrern geachtet worden ist, wertschätzt später auch die Lehrerarbeit. Mit Sicherheit wird er kein Lehrerhasser, sondern eher ein Lehrerfreund. Seine positiven Lehrer-Erfahrungen werden später seinen eigenen Kindern zum Aufbau eines positiven Lehrerbildes verhelfen.

Die Basis einer achtsamen Lehrer-Schüler-Kommunikation ist eine menschliche Grundhaltung gegenüber den Schülern. Sie ist daran zu erkennen, dass der Lehrer

- die Schüler ungeachtet ihrer Schwierigkeiten als Menschen achtet

- die Schüler aus ihrer Innenwelt zu verstehen versucht

- in die pädagogische Beziehung ein Mindestmaß emotionaler Wärme einbringt.

Die wichtigste Konsequenz aus dieser Grundhaltung ist, auf Kränkungen als Mittel der Verhaltenssteuerung zu verzichten. In kritischen Konfliktsituationen erfordert dies vom Lehrer ein hohes Maß an Affektkontrolle, denn manche Schüler provozieren vor allem in der Pubertät bewusst, um Spannungen abzubauen oder um Grenzen auszutesten. Statt einer Gegenaggression sollte der Lehrer dem Provokateur im Rahmen des pädagogisch Möglichen Grenzen setzen, ohne ihn zu verletzen.

Schafft es ein Lehrer in einer Konfliktsituation nicht, seine Affekte zu kontrollieren, tut er gut daran, sich zu entschuldigen und um Verzeihung zu bitten. Die Gefahr, dass er dadurch seine Position schwächt, ist gering. Eher das Gegenteil wird der Fall sein. Die Schüler erleben die Lehrperson als einen Menschen, der einen Fehler eingesteht, der die Schüler als Mitmenschen ernst nimmt und Kränkungen wiedergutmachen möchte. Sein Verhalten kann somit auch zum Vorbild für die Lösung von Schüler-Schüler-Konflikten werden.

Da das Kommunikationsbedürfnis vieler Schüler zu Hause nicht mehr optimal befriedigt wird, ist der Lehrer zu einem sehr wichtigen Kommunikationspartner geworden. Obwohl ihm die Rolle des Ersatzvaters oder der Ersatzmutter nicht zugemutet werden kann, sollte er ein achtsames Ohr für Schülerprobleme haben und zum Gespräch bereit sein. Wo nötig und möglich, kann er Schüler bei der Lösung von Problemen unterstützen. Beispielsweise dadurch, dass er ihnen und ihren Eltern hilft, professionelle Hilfe zu finden.

6.7. Konstruktive Lehrer-Eltern-Kooperation

Lehrerinnen und Lehrer sind sich bewusst, dass die Erziehungsaufgabein der Schule eng mit dem Unterricht und dem Schulleben verknüpft ist. Dies gelingt umso besser, je enger die Zusammenarbeit mit den Eltern gestaltet wird. Beide Seiten müssen sich verständigen und gemeinsam bereit sein, konstruktive Lösungen zu finden, wenn es zu Erziehungsproblemen kommt oder Lernprozesse misslingen.

Beschluss der Kultusministerkonferenz vom 16.12.2004

Eigentlich sollten Lehrer und Eltern zum Wohl der Kinder und Jugendlichen gut zusammenarbeiten. Die Verwirklichung dieses Desiderates lässt mancherorts zu wünschen übrig, weil sich im Verhältnis zwischen Elternhaus und Schule Spannungen auftun. Dort, wo dieses Kooperationsfeld gestört ist, gedeiht die Lehrerschelte.

Eine gute Lehrer-Eltern-Kooperation setzt zuallererst voraus, dass beide Erziehungspartner sich menschlich begegnen, ihre Rechte gegenseitig achten und zum Zuhören bereit sind. Wenn diese gemeinsame Grundhaltung täglich gelebt wird, entsteht ein förderliches Kooperationsklima.

Klimapflege heißt übrigens nicht, dass die Schule falschen und übersteigerten Elternerwartungen Vorschub leistet. Sie muss Klarheit schaffen. Denn *bei den Eltern herrscht oft eine Kundendienstmentalität. Ich gebe mein Kind wie ein Auto in der Werkstatt ab – und erwarte, dass hinterher alles gerichtet ist, was ich nicht hinbekommen habe.*[109] Die Schule muss konkret aufzeigen, welche Parts sie und welche die Eltern im Erziehungsprozess spielen. Ebenso wichtig ist die Darlegung dessen, was die Lehrer im Hinblick auf die Förderung der Schüler tun können und wo ihre Möglichkeiten erschöpft sind. Keinesfalls darf der Eindruck entstehen, dass die Schule die Eltern ersetzt. Denn das Elternhaus ist primär erziehungs- und fürsorgepflichtig.

Der Schlüssel zu einer förderlichen Lehrer-Eltern-Kooperation sind motivierende Elternabende und Gespräche in der Elternsprechstunde. Hier muss die

Chance wahrgenommen werden, den Eltern den Sinn für das gemeinsame Ganze nahezubringen und eine Atmosphäre des Vertrauens herzustellen. Sehr förderlich für die gemeinsame Erziehung ist es, wenn an Elternabenden oder durch Elternbriefe lern- und erziehungspraktische Informationen, Anleitungen und Hilfen vermittelt werden. Darüber hinaus sollte sich die Klassenleitung regelmäßig mit den beiden Klassenelternvertretern austauschen.

Was sich auf der Klassenebene anbahnt, muss auf der Schulebene fortgesetzt werden. Dreh- und Angelpunkt ist das regelmäßige Gespräch zwischen Schulleitung und Elternbeirat. Es muss gekennzeichnet sein von gegenseitigem Verstehen und Vertrauen sowie gegenseitiger Transparenz. Die Eltern sollen dort zur Mitwirkung motiviert werden, wo sie mitwirken dürfen. Gleichzeitig sind sie darüber aufzuklären, wo die Grenzen der Mitwirkung liegen. Und schließlich ist zu erwarten, dass sie die professionelle Kompetenz des Lehrers und die Notwendigkeit professioneller Distanz achten.

6.8. Bessere Lehrerauswahl und Lehrerbildung

Lehrer sollen Wissen vermitteln, Benachteiligte fördern, Vorbild sein – die Anforderungen sind immens, doch die Ausbildung ist ungenügend.

Jan Friedmann

Wer Lehrer werden möchte, muss wissen, ob er den Anforderungen dieses anspruchsvollen Humanberufes entspricht. Erste Aufschlüsse hierüber sind durch Orientierungstests möglich, die den Studieninteressenten immer öfter empfohlen werden. Der Vorteil dieser Online-Angebote ist, dass eine erste selbstkritische Reflexion der Berufseignung ermöglicht wird. Nachteil ist, dass sie fakultativ ist und keine Relevanz hat für die Studienzulassung. Deshalb ist es an der Zeit, ein obligatorisches, von erfahrenen Lehrern geleitetes Assessment-Verfahren vor dem Studienbeginn durchzuführen. Oberstes Ziel ist die Feststellung der pädagogischen Eignung. Hierzu dient erstens ein spezielles Interview, mit dem pädagogische Grundkompetenzen erfasst werden.

Zweitens enthält es kommunikative und interaktive Aufgaben, deren Bewältigung Aussagen über künftiges Handeln in Erziehungs- und Unterrichtssituationen ermöglicht. Die auf den Beobachtungsdaten basierende Eignungseinschätzung muss wesentliches Kriterium für die Studienzulassung sein. Eine solche Auswahlprozedur würde eine falsche Berufswahl in deutlichem Maße reduzieren helfen.

Auch die Lehrerausbildung bedarf der Weiterentwicklung. Sie ist die Stellschraube für die Unterrichts- und Schulqualität. In den Ausbildungsstätten müssen künftige Lehrer besser als bisher für die immer schwieriger werdenden Berufssituationen qualifiziert werden. Wie die Ergebnisse der Lehrerbildungsforschung zeigen, ist der *defizitäre Praxisbezug* das gravierendste Problem.[110] Dieser widerspiegelt sich auch in den Erlebnisberichten junger Lehrer. Stephan Sering, Berliner Lehrer und Autor des Bestsellers „Föhn mich nicht zu", legt seine im Referendariat erlittene Qualifikationsnot ehrlich offen: *Mir fehlte es an Handwerk, am Wissen, wie ich guten Unterricht mache. Das hatte mir die Universität nicht mitgegeben.*[111]

Das Praxisdefizit lässt sich durch ein Schulpraktikum oder ein Praxissemester nicht beheben. Eine Überwindung ist letztlich nur durch ein duales Lehrerstudium möglich, in dem Wissen und Können in enger Verzahnung vermittelt werden. Sprich: Die Lehramtsstudenten brauchen fortlaufende spiralförmige Praxisphasen vom Ausbildungsbeginn bis zum Ausbildungsende. Des Weiteren muss der fachwissenschaftliche Ausbildungsanteil zugunsten der pädagogisch-psychologischen Qualifizierung deutlich gesenkt werden. Der Lehrer der Zukunft braucht lerndiagnostische, beraterische, verhaltenssteuernde und konfliktlösende Kompetenzen.

In einer dualen Lehrerausbildung wird die Schule zum entscheidenden Lernort. Dort lernen angehende Lehrer unterrichtliches Können unter der Anleitung und Supervision von Unterrichtsexperten, die selbst eine genügend hohes Deputat haben.

Um die in der Lehrerausbildung erworbenen Kompetenzen zu erhalten und an neue Anforderungen und Aufgaben anzupassen, ist Lehrerfortbildung professionelle Pflicht. Ihre Angebote müssen auf das ausgerichtet sein, was

Lehrern berufspraktisch wirklich wichtig ist. Der Fortbildungserfolg hängt ganz wesentlich auch davon ab, ob sich die Fortbildungsteilnehmer über die Umsetzung des Gelernten in der kollegialen Lerngemeinschaft austauschen können. Ansonsten besteht die Gefahr, dass träges Wissen gelehrt wird.

Sehr zu wünschen ist auch, dass die Teilsysteme der Lehrerbildung, wozu auch die Lehrersupervision und Lehrerberatung gehören, sich stärker als bisher vernetzen. Nur so kann das Erfahrungspotenzial für die Weiterentwicklung der Lehrerbildung nutzbar gemacht werden.

6.9. Faire mediale Berichterstattung

Guter Journalismus ist fairer Journalismus.

Heribert Prantl

Die Freiheit der Presse ist ein Grundpfeiler der Demokratie. Sie *schließt die Unabhängigkeit und Freiheit der Information, der Meinungsäußerung und der Kritik ein.*[112] So steht es im Pressekodex, der vom Deutschen Presserat in Zusammenarbeit mit den Presseverbänden beschlossen wurde. Hauptinhalt des Kodexes sind berufsethische Erwartungen. Eine dieser lautet: *Sie [die Journalisten] nehmen ihre Aufgabe fair, nach bestem Wissen und Gewissen, unbeeinflusst von persönlichen Interessen und sachfremden Beweggründen wahr.*[113]

Wenn Journalisten über Schule, einzelne Lehrer und Lehrerschaft berichten, muss man ihre publizistische Arbeit an den Normen ihrer Profession und ihrer Sorgfaltspflicht messen. Nicht hinzunehmen ist es, wenn sie durch Vereinfachung und Verallgemeinerung einen ganzen Berufsstand in Misskredit bringen. Ein besonders wunder Punkt sind Schlagzeilen und Textvorspänne, die das Lehrerbild verzerren. Was der Aufmerksamkeitsweckung und dem überfliegenden Lesen dienlich sein soll, ist für das Ansehen der Lehrerschaft oft schädlich.

Wer über Schule medial berichtet, muss verantwortungsvoll in Wirkungen denken. Dabei hilft ihm die Frage: Was geht im Empfänger vor sich, wenn er das, was ich vermittle, liest oder hört? Viele salopp gemeinte Medieninhalte verstärken nämlich lehreraversive Vorurteile und Emotionen. Sie perpetuieren und verstärken ein negatives Lehrerbild.

Bitter nötig ist auch eine andere Berichterstattung über Lehrer, die als Einzelfälle auffällig in Erscheinung treten. Einerseits gibt es ein öffentliches Informationsinteresse. Andererseits ist es nicht mit dem berufsethischen Kodex des Presserats vereinbar, wenn die Berichterstattung auf die Befriedigung des Sensationsbedürfnisses vieler Medienkonsumenten ausgerichtet ist. Das Recht, zunächst als unschuldig zu gelten, ist zu respektieren. Eine Vorverurteilung am medialen Pranger ist unfair. Ebenso ist vom berufsethisch korrekt handelnden Journalisten zu erwarten, dass er Einzelfälle nicht generalisierend hochstilisiert.

Die persönliche Freiheit eines Journalisten impliziert selbstverständlich die Freiheit, Lehrer persönlich nicht zu mögen. Aus welchen Gründen auch immer seine Lehreraversion entstanden ist, sie darf nicht den Inhalt seiner Lehrer-Berichterstattung dominieren. Er soll so schreiben und sprechen, dass die Integrität der Lehrperson und der Lehrerprofession geachtet wird.

6.10. Selbstbewusste Öffentlichkeitsarbeit

Der Volkssport Lehrerschelte trifft eine verunsicherte Berufsgruppe – dabei sind Pädagogen besser als ihr Ruf. Sie sollten ihre Qualität selbstbewusst in die Waagschale werfen.

Katja Irle

Die Öffentlichkeitsarbeit der Lehrerorganisationen ist änderungsbedürftig, wenn die öffentliche Reputation positiver werden soll. Die zu starke Zentrierung auf das, was Lehrer krank macht, ist kontraproduktiv. Die Lehrerschaft muss die defensive Position und den Käfig des kollektiven Burnout-Gefühls verlassen. Hierzu braucht sie eine offensive Grundhaltung und ein professionelles Selbstbewusstsein. Immer wenn sie öffentlich aktiv wird, muss eine Grundbotschaft vermittelt werden, die da lautet:

Wir sind Experten für das Unterrichten und Erziehen von Kindern und Jugendlichen. Auch wenn unsere Arbeitsaufgaben phasenweise schwer sind, fühlen wir uns von ihnen positiv herausgefordert.

Gleichzeitig ist immer auch der Hinweis auf die Grenzen unterrichtlicher und pädagogischer Arbeit wichtig. Klar und deutlich muss der Illusion entgegengewirkt werden, dass der Lehrer ein omnipräsenter und omnipotenter Problemlöser ist. Dieses Trugbild wurde unter anderem durch die Fernsehserie „Unser Lehrer Dr. Specht" genährt, in welcher die Lehrerrolle völlig wirklichkeitsfremd dargestellt wird.

Wenn diese Grenzziehung kommuniziert wird, darf die Pflicht des Lehrers zu erster Hilfe nicht bestritten werden. Ja, der Lehrer ist auch Helfer seiner Schüler, aber nur im Rahmen dessen, was er kann und wofür er Zeit hat.

Offensiver und regelmäßiger, als dies bisher der Fall gewesen ist, müssen Lehrerverbände und Lehrergewerkschaften öffentlich rückmelden, was sie wahrnehmen. Sie sind der direkte und authentische Entwicklungsbeobachter unserer Kinder und Jugendlichen. Das reine Spiegeln von Wahrnehmungen reicht jedoch nicht aus, weil ansonsten die Gefahr besteht, dass sie irreale Reparaturaufträge erhalten. Deshalb benötigt die Rückmeldung eine Ergänzung im Sinne von Erwartungen und Forderungen. Der Ball muss zurückgespielt werden. Schule kann nur wirkungsvoll funktionieren in einer Verantwortungsgemeinschaft von Lehrern, Eltern und politischen Entscheidungsträgern.

Da im öffentlichen Bewusstsein der Mythos vom Halbtagsjob mit viel Ferienzeit hartnäckig fortlebt, muss er an Hand von Fakten gezielter widerlegt werden. Der Nichtlehrer soll wissen, dass die Unterrichtszeit nur die Hälfte der Lehrertätigkeiten ausmacht. Was zur zweiten Hälfte gehört, bedarf der Konkretisierung, und zwar am Beispiel einer Arbeitswoche. Zweitens ist dem Schullaien beizubringen, dass die Schulferien für Lehrer nicht automatisch Urlaub bedeuten, sondern 12 Wochen unterrichtsfreie Zeit pro Jahr. Ihr Urlaubsanspruch liegt bei 30 Tagen. Was in der unterrichtsfreien Zeit an Lehrerarbeit anfällt, sind vor allem Korrekturen und Planungsarbeiten.

Obwohl in öffentlichen Verlautbarungen der Zusammenhang zwischen Bildungsqualität und Wohlstand oft aufgezeigt wird, ist die Botschaft nicht konkret genug. In ihr ist zwar meist das Argument enthalten, dass Bildung der Schlüsselfaktor ist. Zu wenig wird dabei hervorgehoben, dass es ganz konkret auf die Schlüsselpersonen ankommt, die diesen Faktor wirksam werden lassen. Und das sind die Lehrer!

Offensiv zu betreiben ist nicht nur die Kommunikation mit der schulexternen Öffentlichkeit, sondern auch mit der Schulgemeinde, sprich vor allem mit der Elternschaft. Auch in diesem Kontext ist dasselbe professionelle Selbstbewusstsein angesagt. Der Lehrer kooperiert mit den Eltern zum Wohl des Schülers, aber er hat als Experte im schulischen Erziehungsgeschehen das Recht und die Verantwortung zu führen. Und man kommt nicht umhin, von den Eltern Respekt und Mitarbeit einzufordern.

Eine offensive, selbstbewusste Öffentlichkeitsarbeit kann das Lehrerbild deutlich verbessern helfen. Dennoch ersetzt sie nicht den Beitrag, den jeder einzelne Lehrer durch die gute Qualität seiner Lehrerarbeit leisten muss. Jeder Lehrer ist unweigerlich auch PR-Botschafter seiner Profession – nach innen und nach außen.

7. Schlussbetrachtung

Eine besondere Aufmerksamkeit muss den Lehrerinnen und Lehrern gelten. Es muss Schluss sein mit einer undifferenzierten Lehrerschelte, welche die häufig schwierigen Arbeitsbedingungen der Kolleginnen und Kollegen ignoriert und rund 800000 Pädagogen in der Republik unterstellt, dass sie faul seien. Lehrerinnen und Lehrer vollziehen in aller Regel Schwerstarbeit unter Bedingungen, in denen die Gesellschaft sie häufig allein lässt.

Dieter Lenzen

Der Beruf des Lehrers ist seit der Antike öffentlicher Schelte ausgesetzt. Gleichzeitig ist unstrittig, dass ohne Schule die Tradierung von Wissen und Werten nicht möglich ist. In dem Moment, wo die Schule nicht mehr funktioniert, endet der gesellschaftliche Entwicklungsprozess. Und die Gesellschaft regrediert auf niedrigere Entwicklungsstufen. Dies war der Fall, als nach dem Ende des Römischen Reiches eine damals schon weit entwickelte Kultur rasch zerfiel.

Obwohl wir in einem Zeitalter beinah unbegrenzter wissenschaftlich-technischer Machbarkeit leben, ist Erziehungs- und Unterrichtsarbeit im Vergleich zu früher schwieriger geworden. Sie findet nicht in einer technischen Produktionsanlage statt, sondern in der „Menschenwerkstatt". Deren Ziel, so Johann Amos Comenius, ist es, *dass der Mensch wirklich Mensch werde.*[114]

Die Zielerreichung ist angesichts der schwierigen Kinder- und Jugendentwicklung heutzutage sicherlich nicht leichter als zur Zeit des großen Pädagogen Comenius. Hierzu bedarf es einer besonderen professionellen Motivation und Kompetenz, die nicht geringer ist als die der technischen

Entwickler. Lehrerarbeit ist seelische Schwerarbeit und unterrichtlich-pädagogische Kunst.

In weiten Teilen der Gesellschaft existieren trotz der wertvollen und Wert schöpfenden Arbeit, die in der Schule täglich geleistet wird, immer noch falsche Vorstellungsbilder vom Lehrerberuf. Obwohl sich der Außenblick auf die Arbeit in der Menschenwerkstatt zaghaft zu ändern beginnt, lässt das Lehrerbild weiterhin sehr zu wünschen übrig. Der irisch-amerikanische Lehrer und Schriftsteller Frank McCourt benannte dieses Defizit in seinem Weltbestseller „Tag und Nacht und auch im Sommer" pointiert mit folgenden Worten: *Unterrichten ist die Küchenmagd unter den akademischen Berufen.*[115]

Damit die Menschenwerkstatt das bewirkt, was von ihr realistisch erwartet werden kann, benötigen die dort arbeitenden Lehrer mehr Wertschätzung. Diese seelische Nahrung ist genauso wichtig wie die materielle Existenzsicherung. Sie tut der Individualpsyche des einzelnen Lehrers gut und auch der Kollektivpsyche der Lehrerschaft.

Nicht überall auf der Welt ist ein Missverhältnis von Lehrerschelte und Lehrerlob festzustellen. Zu den Ausnahmen zählen die skandinavischen Länder. Dort erfreuen sich Lehrer der Wertschätzung durch die Dienstherren, der Medien, der Eltern, der Schüler und der Gesellschaft. Dies erleichtert die Lehrerarbeit, motiviert die Lehrer und fördert den Schulerfolg. Lehrer genießen dort ein hohes Sozialprestige. Und Lehrer zu werden ist ein attraktives Studien- und Berufsziel.

Hierzulande bedarf das Verhältnis zwischen Öffentlichkeit und Lehrern einer spürbaren und nachhaltigen Verbesserung. Notwendigerweise muss sie mit der Entzerrung der existierenden Zerrbilder beginnen. Zu beenden ist auch die unreflektierte Verantwortungsverschiebung, die sich immer dann ereignet, wenn in der Schülerschaft Leistungs- und Verhaltensdefizite offenbar werden und ins Blickfeld der Medien gelangen. Die Schule ist keine Reparaturwerkstatt, sondern ein komplizierter Möglichkeitsraum der menschlichen Entwicklung. Und notwendig ist ein konstruktiver Dialog, in dem alle voneinander lernen, fair miteinander umgehen und sich ungeachtet der Verschiedenheit als Menschen achten.

Meine Hoffnung ist, dass viele Dialoge auf den unterschiedlichen Ebenen das Verhältnis zwischen Lehrerschaft und Öffentlichkeit klären und verändern helfen. Das wesentliche Hilfsmittel wird die wechselseitige Achtung sein zwischen Lehrern, Schülern, Eltern, Journalisten und den politischen Entscheidungsträgern. Beim Verfertigen dieses Satzes kam mir eine Begegnung mit dem deutsch-finnischen Pädagogen Rainer Domisch, der inzwischen leider verstorben ist, wieder ins Bewusstsein. Er und ich nahmen als Schulexperten 2002 an einer Podiumsdiskussion des baden-württembergischen Bildungskongresses teil. Während dieser Veranstaltung wurde Rainer Domisch von einem Schulleiter gefragt, was die wichtigste Voraussetzung für den Bildungserfolg der Finnen gewesen ist. Seine Antwort lautete: *Wir achten unsere Lehrer.* Danach herrschte im Veranstaltungsraum zunächst Stille, der ein starker, lang anhaltender Beifall folgte. Daraus schloss ich, dass Deutschland von dieser finnischen Selbstverständlichkeit noch weit entfernt ist, wesentlich weiter als es der Luftlinie zwischen Ulm und Helsinki entspricht.

Meinem alten Lehrer

(Professor Dr. Wilhelm Jerusalem gewidmet)

Noch fühle ich die kahlgetünchten Wände.
Beklemmung morgendlichen Lampenlichts,
Die Unerbittlichkeit der Gegenstände
Des lieblos abgespulten Unterrichts.
All diese Stunden waren ohne Ende,
Und jenseits ihres, grauen Angesichts,
Schon lauerten des Lernens stete Sorgen,
Die wachen Nächte und die Angst vor morgen.

Da tratst Du ein mit unbetonten Schritten,
Nicht wie ein Vogt, der einzuschüchtern naht.
Gleich legten sich die wilden Knabensitten,
Die Horde ward zum eingeteilten Staat.
Und Du, der gute Patriarch inmitten
Der lauschend hingebeugten Menschensaat,
Gabst mühelos von Deiner Arbeit Ernten,
So daß auch mühelos wir von Dir lernten.

Ein Lehrer warst Du, nicht ein Ueberwacher,
Und, unbewacht, bezähmte uns die Scham.
Mitschüler warst Du – nicht ein Widersacher -
Der mit uns, an uns zur Erkenntnis kam,
Dem willigzagen Schritt ein Wegemacher,
Ein Sonderer von Menschenwert und Kram.
Vor Deinem Ohr ward jede Phrase nichtig,
Und immer nur die Sache war Dir wichtig.

Dies ist die Zehrung, die Du mitgegeben
Den Schülern auf den vielverzweigten Pfad.
Das bloß Gesagte kann sich überleben,
Fortwirkt und -bildet nur des Lehrers Tat.
Die Deine war: daß Beispiel Du gegeben,
Nicht was nur, wie auch man zu wissen hat.
So ward sonst flüchtig Haftendes beständig
Und bloßer Stoff durch Sittlichkeit lebendig.[116]

Anton Wildgans

8. Anhang

Zitate über Lehrer von der Antike bis heute

Seit der Antike haben sich Personen unterschiedlicher weltanschaulicher, kultureller und professioneller Herkunft über Lehrer und den Lehrerberuf geäußert. Die folgenden chronologisch geordneten Spruchweisheiten entstammen dem breiten Spektrum von der Lehrerschelte bis zur Lehrerwertschätzung. Ob sie die eigene Meinung des Spruchproduzenten wiedergeben oder nur öffentliche Vorurteile, ist nicht immer eindeutig zu erkennen.

Das Alte üben und das Neue kennen: dann kann man als Lehrer gelten.
Konfuzius (551 v. Chr. – 479 v. Chr.),

Den wackern Lehrer kränze stets der reichste Lohn.
Aristophanes (445 v. Chr. – 385 v. Chr.)

Lehrer sein ist der ehrenvollste Beruf; Schüler sein führt zur wertvollsten Erkenntnis. Der ehrenvollste Beruf ist derjenige, welcher anderen nützt, man kann andern nicht mehr nützen, als indem man sie lehrt.
Lü Bu We (3. Jh. v. Chr.)

(Lehrer): Schar, die fast immer um ihren Lohn betrogen wird.
Ovid (73 v. Chr. – 17 n. Chr.)

Die Autorität des Lehrers schadet oft denen, die lernen wollen.
Marcus Tullius Cicero (106 v. Chr. – 43 v. Chr.)

Der Lehrer habe weder selbst Fehler noch dulde er welche.
Quintilian (35 – 96)

Elend stirbt am Kohl, dem ewig erwärmten, der Lehrer.
Juvenal (58 – 140)

Es gibt aber einige (Lehrer) von so unliebenswürdigem Wesen, daß nicht einmal ihre Frauen sie gerne zu haben vermögen.
Erasmus von Rotterdam (1466 – 1536)

Es gefällt mir kein Stand so gut, ich wollte auch keinen lieber annehmen, als ein Schulmeister zu sein.
Martin Luther (1483 – 1546)

Wer seine Schüler das ABC gelehrt, hat eine größere Tat vollbracht als der Feldherr, der eine Schlacht geschlagen hat.
Gottfried Wilhelm Freiherr von Leibniz (1646 – 1716)

Heute erhalten wir drei verschiedene oder widersprechende Erziehungen: Einmal von unseren Eltern, dann von unseren Lehrern und endlich durch Gesellschaft.
Montesquieu (1689 – 1755)

Das Kind wird von einem vernünftigen, wenn auch, was die Kenntnisse anlangt, etwas beschränkten Vater besser als von dem geschicktesten Lehrer der Welt erzogen werden; denn der Eifer wird das Talent eher als das Talent den Eifer ersetzen.
Jean-Jacques Rousseau (1712 – 1778)

Der Schüler sieht im Lehrer nur noch den Aufpasser und Quälgeist seiner Kinderjahre; der Lehrer erblickt dagegen im Schüler nur noch eine drückende Last, nach deren Abnahme er sich herzlich sehnt.
Jean-Jacques Rousseau (1712 – 1778)

Ein Schullehrer und Professor kann keine Individuen erziehen, er erzieht bloß Gattungen.
Georg Christoph Lichtenberg (1742 – 1799)

Nichts ist schrecklicher als ein Lehrer, der nicht mehr weiß als das, was die Schüler wissen sollen.
Johann Wolfgang von Goethe (1749 – 1832)

Man belohnt seinen Lehrer schlecht, wenn man immer sein Schüler bleibt.
Friedrich Nietzsche (1712 – 1778)

Wer von Grund aus Lehrer ist, nimmt alle Dinge nur in Bezug auf seine Schüler ernst – sogar sich selbst.
Friedrich Nietzsche (1712 – 1778)

Nur der ist ein geborener Lehrer, welcher die Begeisterung seiner Schüler erwecken kann.
Ernst Hähnel (1811–1891)

Ein Lehrer arbeitet für die Ewigkeit. Niemand kann sagen, wo sein Einfluss endet.
Henry Adams (1838 – 1918)

Die Hauptaufgabe des Lehrers ist nicht, Bedeutungen zu erklären, sondern an die Tür des Geistes zu klopfen.
Rabindranath Tagore (1861 – 1941)

Die Lehrer in der Elementarschule kamen mir wie Feldwebel vor und die Lehrer im Gymnasium wie Leutnants.
Albert Einstein (1879 – 1955)

Das Hauptproblem der Erziehungsreform sind die Lehrer.
Mao Tse-tung (1893 – 1976)

Während meines 9jährigen Eingewecktseins an einem Augsburger Realgymnasium gelang es mir nicht, meine Lehrer wesentlich zu fördern.
Bertolt Brecht (1898 – 1956)

Als er Siebzig war und war gebrechlich drängte es den Lehrer doch nach Ruh.
Bertolt Brecht (1898 – 1956)

Es kann nicht früh genug darauf hingewiesen werden, daß man die Kinder nur dann vernünftig erziehen kann, wenn man zuvor die Lehrer vernünftig erzieht.
Erich Kästner (1899 – 1974)

Der ist der beste Lehrer, der sich nach und nach überflüssig macht.
George Orwell (1903 – 1950)

(Lehrer): Eine Art Amphibie. Er ist zwar ein Erwachsener, aber er lebt in der Welt des Kindes.
Martinus Jan Langeveld (1905 – 1989)

Man kann einen Lehrer nicht davon abbringen, wenn er irgend etwas vorhat. Er tut es einfach doch.
Jerome David Salinger (1919 – 2010)

Ein Lehrer ist als Kinderpädagoge sicher unterbezahlt, als Bildungsvermittler genauso sicher überbezahlt.
John James Osborne (1929 – 1974)

Wo ein guter Lehrer am Werk ist, wird die Welt ein bisschen besser.
Hans Aebli (1923 – 1990)

Engagierte Lehrer sind Helden des Alltags.
Horst Köhler (* 1943)

(Lehrer): Ihr wisst doch ganz genau, was das für faule Säcke sind.
Gerhard Schröder (* 1944)

Literaturverzeichnis

Adorno, T.W.: Tabus über dem Lehrerberuf. Neue Sammlung, 5, 1965, 227-239.

Alt, R.: Bilderatlas zur Schul- und Erziehungsgeschichte. Band 1. Berlin 1960.

Alt, R.: Bilderatlas zur Schul- und Erziehungsgeschichte. Band 2. Berlin 1965.

Ballauf, F.: Pädagogik. Eine Geschichte der Bildung und Erziehung. Band 1. Von der Antike bis zum Humanismus. Freiburg und München 1969.

Ballauf, F. zusammen mit K. Schaller: Pädagogik. Eine Geschichte der Bildung und Erziehung. Band 2. Vom 16. bis zum 19. Jahrhundert. Freiburg und München 1970.

Balzer, N./Künkler, T.: Von Kuschelpädagogen und Leistungsapologeten. Anmerkung zum Zusammenhang von Anerkennung und Lernen. In: Ricken, N. (Hrsg.): Über die Verachtung der Pädagogik. Wiesbaden 2007.

Barth, A.-R.: Burnout bei Lehrern. Göttingen 1992.

Bastian, J./Combe, A.: Angriffe auf den Lehrerberuf. Pädagogik, 3, 2003, 7-10.

Berner, H./Isler, R. (Hrsg.): Lehrer-Identität, Lehrer-Rolle, Lehrer-Handeln. Hohengehren 2011.

Blömeke, S.: Das Lehrerbild in den Printmedien. Inhaltsanalyse von „Spiegel"- und „Focus"-Berichten seit 1990.
http://www.erziehungswissenschaften.hu-berlin.de/institut/abteilungen/didaktik/data/aufsaetze/2005/msk-Bloemeke-04-59-lehrerbild-3.pdf

Brunner-Traut, E.: Die alten Ägypter. Stuttgart 1974.

Busch, W.: Max und Moritz. Eine Bubengeschichte in sieben Streichen. Jubiläumsausgabe. Esslingen 2007.

Dege, M.: Lehrer zwischen Verachtung, Selbstverachtung und Professionalität. In: Ricken, N. (Hrsg.): Über die Verachtung der Pädagogik. Wiesbaden 2007.

Demmel, W.G.: Anmerkungen zu 5000 Jahre Lehrer … „schwankt sein Charakterbild in der Geschichte" (Schiller).
http://archiv.vlb-bayern.de/index.php?option=com_content&view=article&id=106:anmerkungen-zu-5000-jahre-lehrer--schwankt-sein-charakterbild-in-der-geschichteschiller&catid=58:akzente-200707&Itemid=101

Diesterweg, A.: Wegweiser zur Bildung für deutsche Lehrer. Paderborn 1958.

Döbler, H.: Schrift, Buch, Wissenschaft. München 1978.

Durant, W./Durant, A.: Kulturgeschichte der Menschheit. Band 4: Der Aufstieg Roms und das Imperium. Köln 1985.

Eisele, P.: Babylon. Pforte der Götter und große Hure. München 1980.

Endres, R.: Ausbildung und gesellschaftliche Stellung der Schreib- und Rechenmeister in den fränkischen Reichsstädten. In: Hohenzollern, J.G. Prinz von/Liedtke, M. (Hrsg.): Schreiber, Magister, Lehrer. Zur Geschichte und Funktion eines Berufsstandes. Bad Heilbrunn 1989.

Enzelberger, S.: Sozialgeschichte des Lehrerberufs. Gesellschaftliche Stellung und Professionalisierung von Lehrerinnen und Lehrern von den Anfängen bis zur Gegenwart. Weinheim und München 2001.

Enzelberger, S.: Wandel der Lehrerrolle. Sozialgeschichtliche Überlegungen zum Lehrerbild. In: Ricken, N. (Hrsg.): Über die Verachtung der Pädagogik. Wiesbaden 2007.

Erman, A.: Ägypten und ägyptisches Leben im Altertum. Tübingen 1923.

Erman, A.: Die Literatur der Ägypter. Leipzig 1923.

Erziehung und Unterricht im Mittelalter. Besorgt von Eugen Schoelen. Paderborn 1965.

Fischer-Elfert, H.W.: Der Schreiber als Lehrer in der frühen altägyptischen Hochkultur. In: Hohenzollern, J.G. Prinz von/Liedtke, M. (Hrsg.): Schreiber, Magister, Lehrer. Zur Geschichte und Funktion eines Berufsstandes. Bad Heilbrunn 1989.

Fontane, T.: Der Stechlin. Köln 2009.

Freydank, H./Reineke, W.F./Schetelich, M./Thilo, T.: Erklärendes Wörterbuch zu Kultur und Kunst des Alten Orient. Ägypten, Vorderasien, Indien, Ostasien. Hanau 1995.

Gehrmann, A.: Zufriedenheit trotz beruflicher Beanspruchungen? Anmerkungen zu den Befunden der Lehrerbelastungsforschung. In: Rothland, M. (Hrsg.): Belastung und Beanspruchung im Lehrerberuf. Modelle, Befunde, Interventionen. Wiesbaden 2007.

Giesecke, H: Wozu ist die Schule da? Die neue Rolle von Eltern und Lehrern. Stuttgart 1996.

Hartinger, Andreas / Bauer, Rudolf / Hitzler, Rudolf (Hg.): Veränderte Kindheit: Konsequenzen für die Lehrerbildung. Bad Heilbrunn 2008.

Helsper, W./Böhme, J. (Hrsg.): Handbuch der Schulforschung. Wiesbaden 2004.

Herrlitz, H.G./Hopf, W./Titze, H.: Deutsche Schulgeschichte von 1800 bis zur Gegenwart. Eine Einführung. Weinheim 1981.

Herzog, W.: Professionalität im Beruf von Lehrerinnen und Lehrern. In: Berner, H./Isler, R. (Hrsg.): Lehrer-Identität, Lehrer-Rolle, Lehrer-Handeln. Hohengehren 2011.

Hintz, D./Pöppel, K.G./Rekus, J.: Neues schulpädagogisches Wörterbuch. Weinheim und München 1993.

Hohenzollern, J.G. Prinz von/Liedtke, M. (Hrsg.): Schreiber, Magister, Lehrer. Zur Geschichte und Funktion eines Berufsstandes. Bad Heilbrunn 1989.

Howatson, M.C. (Hrsg.): Reclams Lexikon der Antike. Stuttgart 1996.

Jetzinger, F.: Hitlers Jugend. Phantasien, Lügen – und die Wahrheit. Wien 1956.

Jochmann, W. (Hrsg.): Adolf Hitler. Monologe im Führerhauptquartier 1941-1944. Aufgezeichnet von Heinrich Heim. Hamburg 1980.

Keck, R.W.: Die Entwicklung der Lehrerbildung in Deutschland im 18. und 19. Jahrhundert. In: Hohenzollern, J.G. Prinz von/Liedtke, M. (Hrsg.): Schreiber, Magister, Lehrer. Zur Geschichte und Funktion eines Berufsstandes. Bad Heilbrunn 1989.

Keller, G./Hafner, K.: Soziales Lernen will gelernt sein. Lehrer fördern Sozialverhalten. Donauwörth 2003 (2. Aufl.).

Keller, G.: Dümmer, frecher, fauler. Unser falsches Schülerbild und seine Konsequenzen. Donauwörth 2005.

Keller, G.: Vulkangebiet Schule. Konliktdiagnose, Konfliktlösung, Konfliktprävention. Bern 2010.

Kolbe, F.U./Combe, A.: Lehrerbildung. In: Helsper, W./Böhme; J. (Hrsg.): Handbuch der Schulforschung. Wiesbaden 2004.

Krumm, V.: Wie Lehrer Schüler disziplinieren. Ein Beitrag zur *Schwarzen Pädagogik*.
https://www.sbg.ac.at/erz/salzburger_beitraege/herbst2003/krumm_02_03_sbg.pdf

Kühn, L.: Das Lehrerhasserbuch. Eine Mutter rechnet ab. München 2005.

Lang, G.: Geschichte der württembergischen Klosterschulen von ihrer Stiftung bis zu ihrer Verwandlung in evangelisch-theologische Seminare. Stuttgart 1938.

Leschinsky, A.: Volksschule zwischen Ausbau und Auszehrung. Schwierigkeiten bei der Steuerung der Schulentwicklung seit den zwanziger Jahren. Vierteljahreshefte für Zeitgeschichte, 30, 1982, 27-81.

Liedtke, M: Zeitunabhängige und zeitgebundene Qualifikationen des Lehrers. In: Hohenzollern, J.G. Prinz von/Liedtke, M. (Hrsg.): Schreiber, Magister, Lehrer. Zur Geschichte und Funktion eines Berufsstandes. Bad Heilbrunn 1989.

Lin Yutang (Hrsg): Konfuzius. Frankfurt/Main 1957.

Lipowsky, F.: Theoretische Perspektiven und empirische Befunde zur Wirksamkeit von Lehrerfort- und -weiterbildung. In: Terhart, E./Bennewitz, H./Rothland, M. (Hrsg.): Handbuch der Forschung zum Lehrerberuf. Münster 2011.

Mann, H.: Professor Unrat oder das Ende eines Tyrannen. Frankfurt 2008.

Marrou, H.I.: Geschichte der Erziehung im klassischen Altertum. München 1977.

Martial: Epigrammata. München 1986.

Maslow, A./Kruntorad, P: Motivation und Persönlichkeit. Reinbek bei Hamburg 1981 (12. Aufl.).

McCourt, F.: Tag und Nacht und auch im Sommer. München 2005.

Mookerji, R.K.: Ancient Indian education. London 1951.

Müller-Limmroth, W.: Wie Lehrer systematisch krank gemacht werden. Die höhere Schule, 11, 1993, 15-18.

Nonn, U.: Mönche, Schreiber und Gelehrte. Bildung und Wissenschaft im Mittelalter. Darmstadt 2012.

Oberhuber, K.: Die Kultur des alten Orients. Frankfurt/Main 1972.

Oelkers, J./Prior, H.: Soziales Lernen in der Schule. Königstein 1982.

Osterwalder, F.: Schatten über der Schule – Schatten über den Lehrenden. Lehrerschelte und ihre historischen Funktionen. Pädagogik, 3, 2003, 30-33.

Parrot, A.: Mari. München 1953.

Paulsen, F.: Geschichte des gelehrten Unterrichts auf den deutschen Schulen und Universitäten vom Ausgang des Mittelalters bis zur Gegenwart. Band 1. Leipzig 1919.

Paulsen, F.: Geschichte des gelehrten Unterrichts auf den deutschen Schulen und Universitäten vom Ausgang des Mittelalters bis zur Gegenwart. Band 2. Berlin und Leipzig 1921.

Picker, H.: Hitlers Tischgespräche im Führerhauptquartier. Berlin 1999.

Pöhlmann, E.: Der Schreiber als Lehrer in der klassischen Zeit Griechenlands. In: Hohenzollern, J.G. Prinz von/Liedtke, M. (Hrsg.): Schreiber, Magister, Lehrer. Zur Geschichte und Funktion eines Berufsstandes. Bad Heilbrunn 1989.

Rach, A.: Sachwörter zur deutschen Erziehungsgeschichte. Weinheim und Berlin 1964.

Raffensperger, L.: Worte wie Schläge. New Scientist, 50, 2012, 33-37.

Raumer, K. von: Geschichte der Pädagogik vom Wiederaufblühen klassischer Studien bis auf unsere Zeit. Zweiter Teil. Gütersloh 1889.

Rauscher, D.: Württembergische Visitationsakten. 1932.

Reble, A. (Hrsg.): Geschichte der Pädagogik. Dokumentationsband I. Stuttgart 1971.

Reicke, E.: Lehrer und Unterrichtswesen in der deutschen Vergangenheit. Leipzig 1901.

Reiser, R.: Lehrergeschichte(n). Ein historischer Streifzug von der Germanenzeit bis zur Gegenwart. München 1985 (2. Aufl.).

Richter, S.: Mehr Männer in die Grundschule?! Erste Ergebnisse einer Studie zur Studienwahlmotivation von jungen Männern. In: Hartinger, Andreas / Bauer, Rudolf / Hitzler, Rudolf (Hg.): Veränderte Kindheit: Konsequenzen für die Lehrerbildung. Bad Heilbrunn 2008.

Ricken, N. (Hrsg.): Über die Verachtung der Pädagogik. Wiesbaden 2007.

Rogers, C.: Die klientenzentrierte Gesprächspsychotherapie. Frankfurt 2012 (19. Aufl.).

Roitsch, J.: Im System gefangen. Das Lehrerbild in der Öffentlichkeit. Friedrich Jahresheft 2010, 48-49.

Rolff, H.-G./Bauer, K.O./Klemm, K./Pfeiffer, H. (Hrsg.): Jahrbuch der Schulentwicklung. Band 9. Weinheim 1996.

Rösger, A.: Lehrer und Lehrerbildung im Imperium Romanum. In: Hohenzollern, J.G. Prinz von/Liedtke, M. (Hrsg.): Schreiber, Magister, Lehrer. Zur Geschichte und Funktion eines Berufsstandes. Bad Heilbrunn 1989.

Rothland, M. (Hrsg.): Belastung und Beanspruchung im Lehrerberuf. Modelle, Befunde, Interventionen. Wiesbaden 2007.

Rothland, M./Terhart, E.: Beruf: Lehrer – Arbeitsplatz: Schule. Charakteristika der Arbeitstätigkeit und Bedingungen der Berufssituation. In: Rothland, M. (Hrsg.): Belastung und Beanspruchung im Lehrerberuf. Modelle, Befunde, Interventionen. Wiesbaden 2007.

Rump, H.U.: Magister und Scholastikus: Das neue Ansehen des Lehrers in christlicher Zeit. In: Hohenzollern, J.G. Prinz von/Liedtke, M. (Hrsg.): Schreiber, Magister, Lehrer. Zur Geschichte und Funktion eines Berufsstandes. Bad Heilbrunn 1989.

Rutschky, K. von: Deutsche Schul-Chronik. Lernen und Erziehen in vier Jahrhunderten. München 1991.

Rutschky, K. von (Hrsg.): Schwarze Pädagogik. Quellen zur Naturgeschichte der bürgerlichen Erziehung. München 2001 (8. Aufl.).

Saggs, H.W.F.: Mesopotamien. Zürich 1966.

Schaarschmidt, U. (Hrsg.): Halbtagsjobber. Psychische Gesundheit im Lehrerberuf. Analyse eines änderungsbedürftigen Zustandes. Weinheim und Basel 2005 (2. Aufl.).

Schaarschmidt, U./Kieschke, U.: Beanspruchungsmuster im Lehrerberuf. Ergebnisse und Schlussfolgerungen aus der Potsdamer Lehrerstudie. In: Rothland, M. (Hrsg.): Belastung und Beanspruchung im Lehrerberuf. Modelle, Befunde, Interventionen. Wiesbaden 2007.

Schiffler, H./Winkeler, R. : Tausend Jahre Schule. Eine Kulturgeschichte des Lernens in Bildern. Stuttgart und Zürich 1985.

Schmidt, D.: Beanspruchung im Lehrerberuf als Gegenstand medialer Berichterstattung. Konsequenzen für das öffentliche Lehrerbild. http://dadnuhw.files.wordpress.com/2012/05/schmidt2009.pdf.

Schoekel, H.: Ur, Assur und Babylon. Stuttgart 1955.

Schoelen, E.: Erziehung und Unterricht im Mittelalter. Paderborn 1965.

Schratz, M./Schrittesser, I.: Was müssen Lehrerinnen und Lehrer in Zukunft wissen und können? In: Berner, H./Isler, R. (Hrsg.): Lehrer-Identität, Lehrer-Rolle, Lehrer-Handeln. Hohengehren 2011.

Serin, S.: Föhn mich nicht zu. Aus den Niederungen deutscher Klassenzimmer. Reinbek bei Hamburg 2010.

Singer, K.: Die Würde des Schülers ist antastbar. Vom Alltag an unseren Schulen – und wie wir ihn verändern können. Reinbek bei Hamburg 1998.

Singer, K.: Wenn Schule krank macht. Wie macht man sie gesund und lernbereit? Weinheim und Basel 2001.

Specht, F.A.: Geschichte des Unterrichtswesens in Deutschland von den ältesten Zeiten bis zur Mitte des dreizehnten Jahrhunderts. München 1885.

Tenorth, H.E./Tippelt, R. (Hrsg.): Lexikon Pädagogik. Weinheim und Basel 2007.

Terhart, E.: Berufsbiographien von Lehrerinnen und Lehrern. Ausgewählte Ergebnisse einer empirischen Untersuchung. Pädagogik, 4, 1997, 6-9.

Terhart, E.: Lehrer. In: Tenorth, H.E./Tippelt, R. (Hrsg.): Lexikon Pädagogik. Weinheim und Basel 2007.

Terhart, E./Bennewitz, H./Rothland, M. (Hrsg.): Handbuch der Forschung zum Lehrerberuf. Münster 2011.

Uhl, S.: Eine kleine Geschichte des Lehrerberufs. Wiesbaden: Institut für Qualitätsentwicklung (Online-Fassung) 2007.

Vinnai, G.: „Die Lehrer – ich kann sie nicht leiden." Zur Sozialgeschichte der Verachtung von Lehrern. In: Ricken, N. (Hrsg.): Über die Verachtung der Pädagogik. Wiesbaden 2007.

Wabnegger, E.: „Feindbild Lehrer". Ein Beruf in Irritation. Wien und Klosterneuburg 2002.

Waetzold, H. Der Schreiber als Lehrer in Mesopotamien. In: Hohenzollern, J.G. Prinz von/Liedtke, M. (Hrsg.): Schreiber, Magister, Lehrer. Zur Geschichte und Funktion eines Berufsstandes. Bad Heilbrunn 1989.

Walz, U.: Eselsarbeit für Zeisigfutter. Frankfurt/Main 1988.

Weeber, K.H.: Alltag im alten Rom. Zürich 1995.

Weimer, H./Schöler, W.: Geschichte der Pädagogik. Berlin und New York 1976 (18. Aufl.).

Weiss, R.: Lehrer. In: Hierdeis, H./Hug, T. (Hrsg.): Taschenbuch der Pädagogik. Band 3. Baltmannsweiler 1997 (5. Aufl.).

Winzer, F. (Hrsg.): Kulturgeschichte Europas. Von der Antike bis zur Gegenwart. Köln 1977.

Wörterbuch der Antike. Stuttgart 1966 (7. Aufl.).

Wreczynski, W.: Atlas zur ägyptischen Kulturgeschichte. Leipzig 1923.

Württembergische Kommission für Landesgeschichte (Hrsg.): Geschichte des humanistischen Schulwesens in Württemberg. Zweiter Band. Erster Halbband. Stuttgart 1920.

Württembergische Kommission für Landesgeschichte (Hrsg.): Geschichte des humanistischen Schulwesens in Württemberg. Dritter Band. Zweiter Halbband. Erster Teil. Stuttgart 1928.

Zander, T.: 911527 Stockschläge in 52 Jahren. Südwestpresse, 6.9.2003.

Abbildungsverzeichnis

Altgriechische Schulszene
http://library.thinkquest.org/J002606/AncientGreece.html (6.9.2003)

Mittelalterliche Klosterschule
http://www.planet-schule.de/typo3temp/pics/365dd891d9.jpg

Frühneuzeitliche Lateinschule
http://www.expansionmedia.de/kepler/images/lateinschule.jpg

Adolph Diesterweg
http://www.luise-berlin.de/bms/bmsbil99/diester.jpg

Mediale Lehrerschelte
http://www.spiegel.de/spiegel/print/d-21113871.html

Arbeitsverteilung aller Schultypen in Prozent – Tätigkeiten
http://www.vbe-v.de/index.php?option=com_content&view=article&id=125:umfrage-zur-lehrerbelastung&catid=3:aktuelles&Itemid=13

Darstellung des Neids in den Sieben Todsünden (Hieronymus Bosch)
http://marinni.livejournal.com/462502.html

Anmerkungen

[1] Waetzold 1989, 43.
[2] Fischer-Elfert 1989, 67.
[3] Brunner-Traut 1974, 70.
[4] Howatson 1996.
[5] Marrou 1977, 305f.
[6] Ebd., 281.
[7] Zit. nach Marrou 1977, 445.
[8] Weeber 1995, 311.
[9] Durant/Durant 1985, 398.
[10] Zit. nach Weeber 1995, 312.
[11] Rösger 1989, 120.
[12] Ebd., 235.
[13] Weeber 1995, 315.
[14] Lin Yutang 1957, o.S.
[15] Zit. nach Weeber 1995, 237.
[16] www.veritas.at/sixcms/detail.php/40064
[17] Nonn 2012, 7.
[18] Marrou 1977, 615.
[19] Demmel 2007, o. S.
[20] Zit. nach Schoelen 1965, 175f.
[21] Zit. nach Weimer/Schöler 1976, 49.
[22] Zit. nach Enzelberger 2001, 23f.
[23] Zit. nach Reiser 1985, 52.
[24] Walz, 1988, Buchtitel.
[25] http://www.hahausen-harz.de/chronik/schule%20in%20hahausen.htm
[26] Zit. nach Alt 1960, 459.
[27] Zit. nach Ballauf 1970,145f.
[28] Ebd., 145 f.
[29] Zit. nach Paulsen 1919, 611.
[30] Raumer 1889, 241f.
[31] Zit. nach Enzelberger 2001, 25.
[32] Zit. nach Ballauf 1969, 599.
[33] Zit nach Paulsen 1919, 609f.
[34] Walz 1988, 101.
[35] Zit. nach Herrlitz et al. 1981, 42.
[36] Reiser 1985, 148.
[37] Zit. nach Paulsen 1921, 370.
[38] Zit. nach Reiser 1985, 66.

[39] Busch 2007.
[40] Fontane 2009.
[41] Mann 2008.
[42] Zit. nach Schiffler/Winkeler 1985, 104.
[43] Zit. nach Keck 1989, 210.
[44] Zit. nach Walz 1988, 150
[45] Ebd., 121.
[46] Roitsch 2010, 48.
[47] Ebd., 48.
[48] http://www.volksliederarchiv.de/text766.html (1.11.2012)
[49] Leschinsky 1982, 47f.
[50] Zit. nach Keller 2005, 33.
[51] Ebd., 33.
[52] Zit. nach Picker 1999, 306.
[53] Ebd., 165.
[54] Jochmann 1980, 170.
[55] Jetzinger 1956, 96.
[56] http://www.spiegel.de/spiegel/print/d-21113871.html
[57] http://www.spiegel.de/spiegel/spiegelspecial/d-9112041.html
[58] http://www.spiegel.de/spiegel/print/d-9198905.html
[59] Zit. nach Enzelberger 2007, 265.
[60] Ebd., 265.
[61] Rolff 1996.
[62] Barth 1992.
[63] Müller-Limmroth 1993.
[64] Zit. nach Barth 1992, 13f.
[65] http://www.textlog.de/tucholsky-die-schule.html
[66] Zit. nach Balzer/Künkler 2007, 79.
[67] Zit. nach Ricken 2007, 28.
[68] Kühn 2005.
[69] Ebd., 102.
[70] http://www.focus.de/politik/deutschland/beamte-jetzt-ist-aber-feierabend_aid_184964.html
[71] Schaarschmidt/Kieschke 2007, 81.
[72] http://www.welt.de/politik/bildung/article3448786/Mehrheit-der-Deutschen-haelt-Lehrer-fuer-ueberfordert.html
[73] http://www.dbb.de/fileadmin/pdfs/themen/forsa_2012_.pdf
[74] http://www.gew.de/Die_Ergebnisse_in_Kuerze.html
[75] Rothland/Terhart 2007, 23.
[76] Adorno 1965.
[77] http://www.sueddeutsche.de/karriere/gewalt-an-der-schule-wenn-der-lehrer-ausrastet-1.380490
[78] Krumm 2003, 116.
[79] Singer 1998, 68.
[80] Raffensperger 2012, 34.
[81] Diesterweg 1958, 11.

[82] http://www.vbe-mv.de/index.php?option=com_content&view=article&id=125: umfrage-zur- lehrerbelastung&catid=3:aktuelles&Itemid=13
[83] http://www.zeit.de/2008/10/C-Lehrer-10-Fragen
[84] Terhart 1997, 7f.
[85] http://www.wooop.de/kunstlexikon/777439/Die-Sieben-Todsuenden-von-Hieronymus-Bosch.html
[86] http://www.spiegel.de/spiegel/spiegelspecial/d-32047825.html
[87] http://www.wissen-im-netz.info/literatur/goethe/maximen/1-06.htm
[88] Herzog 2011, 62.
[89] Kühn 2005, 12.
[90] Dege 2007, 342.
[91] Blömeke 2005, 13.
[92] Lipowsky 2011, 412.
[93] Ricken 2007, 17
[94] Schmidt 2009, 58.
[95] http://www.gew.de/Binaries/Binary29270/Sprechzettel%20Demmer.pdf
[96] Enzelberger 2007, 258.
[97] Schaarschmidt 2005.
[98] Gehrmann 2007, 199.
[99] Richter 2008.
[100] Maslow 1981.
[101] Rogers 2012.
[102] http://www.lehrerfreund.de/schule/1s/schulsystem-finnland-vorteile/4106
[103] http://www.kultusportal-bw.de/servlet/PB/menu/1253095/index.html
[104] Zit. nach Giesecke 1996, 287f.
[105] Ebd., 288.
[106] http://www.managerseminare.de/ms_News/Reinhard-Sprenger-Visionen-sind-die-Zwangsjacken-von-morgen,80167
[107] Keller 2010.
[108] Keller/Hafner, 2003.
[109] http://www.focus.de/schule/lehrerzimmer/schulpraxis/tid-9831/schule-multitalent-lehrer_aid_298962.html
[110] Kolbe/Combe 2004, 863.
[111] DER SPIEGEL, 52/2012, 50.
[112] http://www.presserat.info/inhalt/der-pressekodex/pressekodex.html
[113] Ebd., Präambel.
[114] http://forge.fh-potsdam.de/~BiB/gruender/comenius.pdf
[115] McCourt 2005, 11.
[116] http://www.gedichte.xbib.de/--83905_62379_37809--.htm

Centaurus Buchtipp

Reinhold Miller

Frei von Erziehung, reich an Beziehung

Plädoyer für ein neues Miteinander

Reihe Pädagogik, Band 49
2013, ca. 200 S., br.,
ISBN 978-3-86226-238-0, € 19,80

Erziehung ist nach wie vor in allen Gesellschaftsschichten, Altersstufen und Lebensbereichen weit verbreitet: in Familie, Schule, Beruf und Politik, in den Medien und Religionen. Die Geschichte der Erziehung zeigt jedoch, dass Erziehung Misserfolge und Fehlentwicklungen produzieren kann: statt Selbstbestimmung erzeugt sie Gehorsam, statt Mündigkeit Unterdrückung, statt Zuwendung und Empathie körperliche und seelische Gewalttätigkeiten, statt Lebenserhaltung Destruktion. Individuelle und soziale Wachstums- und Entwicklungsprozesse lassen sich nicht „ungestraft" durch Erziehungseinflüsse kanalisieren oder sogar ersticken.

Reinhold Miller zeigt auf wie an die Stelle der Erziehung mit der Haltung der Macht und dem Motiv, andere zu verändern, zwischenmenschliche Beziehungen treten, mit der Grundhaltung der Liebe.

Er beschreibt, welche lebensbejahenden Möglichkeiten Beziehungen haben können, wenn Menschen vorurteilsfrei wahrnehmen statt verurteilen, Entwicklungen fördern statt hemmen, Eigensinn zulassen statt Willen brechen, sich einander zuwenden statt voneinander abwenden, sich selbst behaupten statt sich durchsetzen, Respekt und Achtung zeigen statt Missachtung.

Das Buch ist ein Plädoyer für ein neues Miteinander. Es veranschaulicht eindrucksvoll, wie man frei von Erziehung zu Verhaltensweisen kommt, die innerhalb zwischenmenschlicher Beziehungen positiv wirksam werden können.

www.centaurus-verlag.de

Centaurus Buchtipps

Christine Dünser
Warum Schule nicht gelingen kann
Die Ohnmacht der Schüler, Lehrer, Eltern und Schulpolitik
Reihe Pädagogik, Bd. 42, 2012, 270 S.,
ISBN 978-3-86226-152-9, € **24,80**

Burkhard Bierhoff
Kritisch-Humanistische Erziehung
Pädagogik nach Erich Fromm
Centaurus Paper Apps, Bd. 28, 2013, 100 S.,
ISBN 978-3-86226-186-4, € **8,80**

Christoph Schiefele
Die Bedeutung von Alltags- und Spielformaten für die Erweiterung sprachlich-kommunikativer Fähigkeiten
Eine empirische Vergleichsstudie
Reihe Pädagogik, Bd. 46, 2012, 280 S.,
ISBN 978-3-86226-200-7, € **24,80**

Lena Sachs
Die Zusammenarbeit zwischen Bundeswehr und Bildungseinrichtungen
Eine kritische Analyse
Soziale Analysen und Interventionen, Bd. 1, 2012, 100 S.,
ISBN 978-3-86226-134-5, € **18,80**

Marlene Alshut
Gender im Mainstream?
Geschlechtergerechte Arbeit mit Kindern und Jugendlichen
Gender & Diversity, Bd. 9, 2012, 190 S.,
ISBN 978-3-86226-191-8, € **20,80**

Viviane Nabi Acho
Elternarbeit mit Migrantenfamilien
Wege zur Förderung der nachhaltigen und aktiven Beteiligung von Migranteneltern an Elternabenden und im Elternbeirat
Migration und Lebenswelten, Bd. 2, 2011, 138 S.,
ISBN 978-3-86226-039-3, € **17,80**

Burkhart Fischer
Wahrnehmungs- und Blickfunktionen bei Lernproblemen
Besser werden im Lesen – Rechnen – Schreiben
Reihe Psychologie, Bd. 41, 2011, 150 S.,
ISBN 978-386226-043-0, € **24,80**

Beate Kolonko
Spracherwerb im Kindergarten
Grundlagen für die sprachpädagogische Arbeit von Erzieherinnen
Reihe Pädagogik, Bd. 39, 3. erg. Aufl. 2011, 180 S.,
ISBN 978-3-86226-047-8, € **24,80**

Informationen und weitere Titel unter **www.centaurus-verlag.de**

MIX
Papier aus verantwortungsvollen Quellen
Paper from responsible sources
FSC® C105338

If you have any concerns about our products,
you can contact us on
ProductSafety@springernature.com

In case Publisher is established outside the EU,
the EU authorized representative is:
**Springer Nature Customer Service Center GmbH
Europaplatz 3, 69115 Heidelberg, Germany**

Printed by Libri Plureos GmbH
in Hamburg, Germany